글쓰기가 * 만만해지는 하루 10분* 메모 글쓰기

글쓰기가 만만해지는 하루 10분 메모 글쓰기

- 이윤영 지음 -

가나

글 쓰는 게 너무 어렵다는 당신에게

어느 날 내 블로그에 이런 내용의 쪽지가 들어왔다.

"작가님 블로그를 보면서 글쓰기에 대해 좋은 자극을 많이 받고 있습니다. 저도 눈팅에서 벗어나 제 글을 좀 써보고 싶어졌어요. 작가님이 '공개하는 글쓰기'를 추천하셔서 저도 블로그를 시작해보려 하는데 글을 쓴다는 게 정말 어렵네요. 내 글이 남들에게 읽힐 만한 글인가 싶기도 하고요. 쉽게 글을 쓰는 좋은 방법이 없을까요?"

한눈에 봐도 고민의 흔적이 역력했다. 이 쪽지를 보는데 문득 블로그에 본격적으로 글을 올리기 전까지 휴대폰 메모장과 '나와의 채팅' 창에 끊임없이 메모를 해왔던 시간이 떠올랐다. 메모하기를 통해 글쓰기를 연습했던 방법이 이런 고민을 가진 분들께 도움이 되지 않을까 싶어 다음 날부터 내가 시도했던 다양한 메모법에 대해서 글을 올리기 시작했다. 메모법을 올리자 사람들의 댓글과 질문이 쏟아졌고, 도움이 된다는 말에 뿌듯했다. 하지만 그 뿌듯함도 잠시였다.

'매일 실천할 수 있는 구체적인 방법을 알려달라!'

'한 번에 몇 줄씩 써야 하나?'

'3일도 하기 어려운데 몇 년씩 어떻게 하냐!'

점점 자세하면서도 구체적인 방법을 알려달라는 민원(?)이 줄을 이었다. 그리고 급기야 어느 날, 이런 장문의 쪽지가 들어왔다.

> "작가님의 메모법에 관한 포스팅 잘 보고 있습니다. 저도 올려주신 방법 보며 하나씩 실천해보고 있는데 잘하고 있는 건지 모르겠네요. 계속해서 쓰게 되지도 않고요. 작가님이 같이해주시면 안 될까요? 도와주세요!"

지면의 한계상 간결하게 줄였지만 쪽지로 받은 내용은 상당히

구구절절했다. 읽는 내내 보내신 분의 글쓰기에 대한 열망과 간절함이 고스란히 느껴졌다. 여러 요청에 힘입어 우선 온라인을 통해 '글이 되는 30일 메모 학교'를 개설했고, 얼마 후 출강하던 도서관과 학교, 센터 등에도 메모로 시작하는 글쓰기 프로그램을 개설했다.

처음 이 프로그램을 시작할 때는 단순한 생각이었다. 내가 그동안 매일 10~15분 정도 해왔던 메모 방법을 알려줌으로써 순간순간 스치는 생각을 기록하는 습관과 글쓰기 근육을 키워주자, 더 나아가 글쓰기에 대한 두려움을 떨쳐버리게 하자, 그런 마음이었다.

'글이 되는 30일 메모 학교' 수료자 대부분은 '30일 메모 글쓰기'를 통해 글쓰기에 대해 막연히 갖고 있던 두려움을 떨쳐냈고, 그동안 갈고닦은 글쓰기 습관으로 블로그나 브런치, 인스타그램, 페이스북 등 다양한 SNS에 본인의 글을 꾸준히 올리고 있다. 그간 쓴 글로 크고 작은 백일장과 글쓰기 대회에서 입상했다는 기분 좋은 소식을 전해주기도 하고, 조금 더 욕심을 내서 에세이 쓰기나 서평 쓰기 과정에 도전하는 분도 많다. 꾸준히 쓴 메모를 바탕으로 책을 출간한 분도 있다.

1년이 넘는 시간 동안 다양한 사람들과 함께한 '30일 메모 글쓰기'의 시간은 내게도 아주 특별한 경험이었다. 참가자들이 30일간 남긴 메모는 그들에게 글을 쓰기 위한 수단 그 이상의 의미였다. 글쓰기 습관을 들이는 것을 넘어서 놀라운 변화를 보여주는 사람이 많았다. 자기 이야기를 쓰고 처음으로 사람들 앞에서 공개한 사람, 독서의 '독' 자로 몰랐는데 한 달에 10여 권의 책을 읽는 다독가로 변신한 사람, 글쓰기를 통해 내면의 힘을 단단히 키워 지독한 자기혐오와 낮은 자존감으로 불안했던 심리 상태에서 벗어나 무엇이든 도전하는 삶을 살게 된 사람도 있다. 또 경단녀였던 여성들 중엔 꾸준히 메모를 하는 동안 자기만의 콘텐츠를 발견하고 이를 글로 풀어내거나 용기를 내어 작은 일을 시작한 사람도 있다. 가끔 당사자의 놀라운 변화에 지인이나 가족이 고맙다는 인사를 따로 하거나 작은 선물을 보내주시기도 한다. 그렇게 1년이 넘는 시간 동안 이 과정을 거쳐 간 온·오프라인 글벗이 이미 500명이 넘는다.

메모, 그까짓 게 뭐 그리 대단하다고 이리 난리냐고 할 수도 있겠다. 하지만 한 장의 메모가 누군가의 인생을 달라지게 할 수도 있음을 나는 매일 생생하게 목격한다.

30일간 꾸준히 메모하면 사람이 진짜 변한다. 우선 메모에 집중할 수 있는 시간을 찾는 과정에서 나라는 사람이 하루를 어떻게 보내는지 자세하게 들여다보게 된다. 그리고 이를 통해 보다 효율적인 시간 사용법을 스스로 연구한다. 또 하루의 일상을 기록하고 메모하는 시간을 통해 내가 무엇을 보고 듣고 느끼고 생각하는 사람인지 인식하게 된다. 매일 배달되는(?) 다양한 글감을 통해 나와 다른 사람, 주변을 관찰하고 돌보며, 독서 메모를 통해 좀 더 나를 깊숙히 들여다보고 성찰하게 된다. 모두 하루 한 장의 메모가 가져온 성과다. 게다가 이 모든 것을 함께하니 내 안에 갖고 있던 '잠재력'이 터진다.

지난 1년간 나는 이런 일련의 과정을 매일 보고 느끼면서 '글이 되는 30일 메모 학교'를 이끌어왔다. 메모를 통해 '잃어버렸던 진짜 나'를 알아가는 그들의 여정을 응원하고 함께 환호했다. 나의 환호와 응원을 받은 이들은 지인에게 가족에게 친구에게 '글이 되는 30일 메모 학교'를 알리고 참여를 독려했다. 기수를 거듭할수록 그들의 메모는 단단해지고, 더불어 글은 영글어가고 있다. 많은 이들이 함께하는 가운데 '글이 되는 30일 메모 학교'는 체계화되고 진화되었다.

그동안 온·오프라인 수업을 통해서 진행해온 '글이 되는 30일 메모 학교'의 프로그램을 정리한 것이 이 책이다. 수업에 참가하기 어려운 분들이 혼자서도 실행해볼 수 있도록 워크북 형태로 구성했다. 실제 수업에 참가하는 분들께 내가 매일 전달하는 미션과 수업에 참가했던 분들이 올려준 메모 예시를 최대한 그대로 수록하여 책만 봐도 쉽게 따라 해볼 수 있도록 정리했다.

1장에서는 글쓰기를 하고 싶다고 줄기차게 말하면서도 꾸준히 쓰지 못하게 만드는 '글쓰기를 방해하는 요인들'을 찾아 그 원인과 해결책을 제시하였다. 2장에는 한 장의 메모가 왜 중요한지, 글쓰기 습관을 키우는 데 어떻게 도움을 주는지를 담았다. 3장에는 온·오프라인 수업을 통해 검증한 메모 커리큘럼을 수정, 보완하여 30일간 따라 해볼 수 있도록 정리했다. 4장에는 30일간의 메모를 재료 삼아 주제가 있는 글쓰기, 에세이, 독후감, 서평으로 발전시키는 방법과 글을 수정하고 퇴고하는 방법을 담았다.

이 책은 막연하게 '매일 써라', '꾸준히 써라'로 일관하며 글쓰기의 중요성만을 강조하지 않는다. 이미 수백 명의 사람을 통해 검증된, 내 생활 속에서 쉽고 간단하게 쓸 수 있는 메모를 응용해 나만의 글쓰기를 오래도록 지속하고 실천할 수 있는 방법을 담았다.

부디 이 책을 통해 많은 이들이 글쓰기를 조금은 쉽고, 덜 두려운 것으로 생각하게 되기를 바란다. 한 가지 더 욕심을 낸다면 이 책이 하루 한 장의 메모를 통해 자신을 찾고 나아가 다른 이들에게 위로와 공감을 주는 글을 쓰게 하는, 그런 작은 마중물이 되었으면 한다.

이 책은 매일 아침 내가 전달하는 미션을 받고 오늘은 무슨 글을 쓸까 고민하는 글벗님들이 계셔서 완성될 수 있었다. 내 칭찬이 담긴 코칭에 어린아이처럼 좋아하고, 글감이나 주제를 받고 "글쓰기가 괴로운 것이 아니라 이토록 기분 좋은 떨림인 줄 처음 알았다"고 말해주고 "거룩한 부담감"이라는 명언까지 대방출해 준 나의 멋진 글벗님들에게 감사의 마음을 전한다.

[차례]

3장 ···
글 근육을 키우는 메모 글쓰기 30일 프로그램

준비 단계 이제 슬슬 메모해볼까

1단계 잠들어 있던 글쓰기 근육 깨우기

2단계 첫 문장의 두려움 극복하기

3단계 다른 매체를 활용해 메모 습관 굳히기

4단계 나만의 언어 찾기

4장 ···
짧은 메모를 한 편의 글로 바꾸는 비법

1장

당신의 글쓰기를 방해하는 적들

세상에는 '하면 좋다'는 것을 알면서도 '죽어도' 실천이
안 되는 몇 가지가 있다. 새벽 기상, 오후 7시 이전
저녁 식사, 운동, 외국어 습득, 독서 그리고 글쓰기다.
매해 '마르고 닳도록' 결심하고 맹세하지만 짧게는 3일,
길면 일주일을 채 못 넘기고 흐지부지되기 일쑤다.
언급한 것들 모두 실천하기 어렵지만, 그중에서도
1등을 꼽으라면 단연 글쓰기가 아닐까 한다.
요즘은 세상이 좋아져서 마음만 먹으면 스마트폰의
다양한 앱이나 메모장을 이용해서 충분히 글을 쓸 수
있다. 단언컨대 단군 이래 최고로 글쓰기 좋은 환경임이
분명하다. 하지만 여전히 글쓰기는 '먼 나라 이웃 나라'
이야기로 들린다. 도통 내 얘기로 들리지 않는다.
연초에 굳은 결심을 했더라도 몇 달 지나고 보면 날씨
탓, 시간 탓을 하고 있는 나를 발견한다. 그러다 문득
이제라도 해볼까 싶으면 이내 찬바람 부는 겨울이다.
또다시 '이번 생은 글렀어!', '나는 안 되나 봐', '이제
와 새삼 글쓰기는 뭐 하러 해' 등의 말을 둘러대며
변명거리를 찾는다. 그러면서 다음 해 다이어리를

굳이 또 산다. 새 다이어리를 산다는 건 결국 '쓰고 싶다'는 얘기다. 다이어리도 새로 샀으니 예쁜 펜과 노트, 개점휴업 상태였던 블로그도 소환해본다.
이제 준비 완료다. 하지만 막상 쓰자니 또 '무엇을' '어떻게' 써야 할지 막막하다. 이 상황 어디서 많이 본 그림 아닌가? 매년 수없이 반복되는 행동이다. 작년에도, 그 전년에도, 그 전전년에도 바로 이런 모습이지 않았는가? 기존에 시도했지만 실패했던 방법을 반복하는 것, 시간 낭비고 에너지 낭비다.
다른, 뭔가 확실한, 새로운 방법을 찾아야 한다.
우선 본격적인 글쓰기에 앞서 그동안 글쓰기가 제대로 되지 않았던 이유를 찾아보자. 어쩌면 실패한 원인을 찾는 과정에서 새로운 답이 보일지도 모른다. 우선 그것부터 파헤쳐보자.

너무 잘 쓰려는 마음

글쓰기 수업을 시작하고 2주 후에 합류한 글벗님이 있었다. 대기상태로 포기하고 있던 차에 뒤늦게나마 원하던 수업을 들을 수 있게 되었다며 그녀는 약간 상기된 얼굴에 떨리는 목소리로 자기소개를 했다.

그녀는 소위 '타고난 문학소녀'였다. 학창 시절 교내 글짓기 대회뿐만 아니라 군, 시 대표로 백일장은 물론 각종 독후감 대회를 싹쓸이한 화려한 이력의 소유자였고, 웬만한 세계고전문학은 이미 중·고등 시절에 다 읽었을 정도로 독서량도 풍부했다.

글쓰기에 탁월한 재능을 보였던 그녀는 국어국문학과에 진학

해서 소설가가 되는 것이 꿈이었다. 하지만 부모님은 그녀의 꿈을 지지해주지 않았다. 소설가라는 불안정한 직업보다는 교대에 진학하여 초등학교 교사가 되기를 바라셨다. 부모님의 뜻을 따른 그녀는 결국 교사가 되었고, 바쁜 학교생활과 결혼생활이 이어지면서 독서와 글쓰기는 일상에서 점점 잊혀갔다.

그러다가 얼마 전, 교육청 홈페이지에 뜬 '나를 찾는 글쓰기'라는 공고문을 보자마자 뭔가에 홀린 듯 문의 전화를 했다. 하지만 이미 마감이 된 상황이었고, '아무래도 글쓰기와 인연이 아닌가 보다'라며 낙담하고 있던 차에 자리가 생겨 뒤늦게 수업에 합류하게 된 것이었다.

하지만 무슨 일인지 수업 2주, 3주가 지나도 자기소개할 때의 '들뜬' 모습과 달리 그녀는 이어지는 합평과 글 코칭 시간에 글을 제출하지 않았다. '아직 적응할 시간이 필요한가 보다'라고 여기고 있던 어느 날, 수업이 끝난 후 그녀는 고민이 있다며 잠시 상담을 요청했다.

"선생님, 글이 잘 안 써져요. 이유가 뭘까요?"

근 20년 만에 다시 글을 쓰게 된 그녀는 학교 수업 중간에도 온통 글쓰기 과제 생각뿐이라고 했다. 학교가 끝난 후에도 곧바로 집에 가지 않고, 내가 일러준 방법대로 근처 카페에 들러 써보기도 하고, 새벽에 쓰는 것이 좋다고 해서 그렇게도 해봤다고 한다. 내가 권했던 '나만의 절대시간 찾기'(83~86쪽 참고)를 통해 글 쓰는 시간을 확보하기 위해 애도 썼다. 하지만 한편은커녕 한두 줄조차 써지지 않는다고 했다. 어렵게 한두 줄 쓴 글도 다음 날이면 민망함과 실망감에 모두 지워버리게 된다는 것이다. 그녀의 이야기를 한참 듣던 나는 이렇게 말했다.

"글을 너무 잘 쓰고 싶어 하시는군요."

나의 이 말이 끝나자마자 그녀는 울음을 터트렸다.

글쓰기 수업을 들으며 오랜만에 글을 쓰게 된 그녀는 소싯적 문학소녀로 다시 돌아간 듯 마냥 기뻤다고 했다. 심장이 터질 것만 같았고, 성인이 되어 다시 글을 만나게 된 설렘에 잠까지 설쳤다. 하지만 막상 컴퓨터를 켜고 자리에 앉으면 예전의 그 소녀처럼 술술 뭔가가 나오지 않았다. 학창 시절에는 주제나 소재가 하나만 주어져도 신이 나서 몇 장씩 써내려갔고, 심지어 글쓰기 시간이 딱 한 시간만 주어졌던 전국 백일장에서도 일필휘지로 글을 써 수상까지 했던 그녀였기에 자신에 대한 실망감을 감출 수 없었다고 한다.

종일 깜빡거리는 커서를 보고 있자니 자신이 한심하기도 하고, 이제 와 새삼 내가 왜 이 짓을 시작했는지 후회가 엄습해오기도 한다는 것이다. 그래도 막상 수업일이 되면 열 일 제치고 가고 싶은 이 마음은 또 무엇인지 자기 마음을 자기도 모르겠다는 게 그녀의 솔직한 심정이었다.

이런 현상을 겪는 것은 비단 그녀뿐이 아니다. 한 클래스당 적어도 한두 명은 똑같은 문제를 고백하곤 한다. 그들과 개인 상담을 하다 보면 꼭 나오는 말이 있다.

"예전에 독후감 대회에서 상을 받은 적이 있다."

"문학잡지에 응모한 시가 실렸던 적이 있다."

"학창 시절에 백일장에서 상을 많이 탔다."

'소싯적에 좀 읽고 써봤다는 것'은 분명 환영할 만한 일이다. 어릴 적 그런 칭찬과 상이 어쩌면 아직도 글에 대한, 책에 대한 미련으로 남아 다시 그걸 찾게 만들었는지도 모른다. 하지만 이런 생각이 '잘 써야 한다'는 부담감으로 이어진다면 그것은 분명 '글쓰기를 방해하는 적'이다.

나는 다독가도 아니었고, 문학소녀는 더더욱 아니었다. 어린 시절 지독한 테순이(매일 텔레비전만 본다고 엄마가 붙여준 별명이다)였던 나는 방송국 PD가 되고 싶었지만, 성적 부진으로 언감생심 언론고시는 시작도 하지 못했다. 결국, 방송국에서 할 수 있는 다른 직업으로 눈을 돌려 방송작가가 되었고, 그 후 이렇게 매일 글을 쓰는 삶을 살고 있다.

처음 15년은 대중이 원하는 글만 썼고, 경력 단절로 심한 인생의 터널을 뚫고 나오며 비로소 내 생각과 느낌을 전달하는 '내 글을 쓰는 사람'이 되었다. 일련의 과정을 거치며 나는 애초에 잘 쓰겠다는 생각, 잘 쓰고 싶다는 생각 자체를 하지 않았다. 아니, 할 수도 없었다.

어차피 난 처음부터 잘 쓰지 못할 걸 알았다. 학창 시절 방학 숙제로 주어졌던 일기를 3일 안에 몰아 썼던 내가 하루아침에 글 잘 쓰는 사람이 된다면 그것은 '기적'이고, 독서는커녕 매일 텔레비전만 보던 내가 글을 잘 쓰면 그것은 '천지개벽'에 해당하는 일 아닌가.

본격적으로 내 글을 쓰기 시작했을 때 가졌던 이런 마음이 오히려 날 매일 쓰게 했고, 꾸준히 쓰게 했다. 한 줄씩 천천히 말이다. 가끔 이런 생각을 한다. 내가 만약 어린 시절부터 독서도 많이 하고 글쓰기를 잘해서 각종 글짓기 대회의 상을 석권하는 그런 아이였다면 지금처럼 글 쓰는 삶을 살 수 있었을까.

글쓰기를 힘들어하는 사람 대부분은 '잘 쓰고 싶다', '잘 써야지', '왕년에 책 좀 읽었잖아', '백일장에서 상깨나 탔는데'라는 마음이 있다. 그것을 탓하고 싶진 않다. 오히려 이런 마음이 동기부여가 되는 경우도 많다. 하지만 그런 마음이 지나쳐 글쓰기를 부담스럽게 하고, 자유롭게 쓰는 걸 방해한다면 그 마음은 당장 버려야 한다.

그렇다고 너무 실망하지는 말자. 글쓰기는 '운동'과 같다. 몸으로 한번 익힌 것은 쉽게 잊히지 않는다. 단, 그것을 기억하기까지 힘과 노력이 좀 들 뿐이다. 그동안 놓쳤던 '감각', 주변에 버려두었던 '글감'들을 모을 시간이 절대적으로 있어야 한다. 작가들이 글을 쓰기 전 책상을 정리하거나 다량의 커피를 뽑아놓는 것도 글을 쓰기 위한 일종의 '준비운동'이다. 오래전부터 해두었던 메모를 꺼내 하나씩 천천히 읽는 이유도 마찬가지다.

일단 잘 쓰려는 마음, 근사하고 멋들어진 글을 쓰겠다는 생각을 접어두자. 메모는 글을 잘 쓰기 위한 기본이자 처음이다. 하루에 한 줄, 두 줄 메모를 하며 글쓰기 근육부터 만들어보자. 첫술에 배부르는 일은 절대 일어나지 않는다. 가볍게 '첫술'을 떠야 마지막까지 '건강한 한 끼'를 먹을 수 있다.

글쓰기 수업을 마칠 때 내가 글벗님들에게 마지막으로 하는 당부의 말이 있다.

"잘 쓰려는 사람보다 꾸준히 쓰는 여러분의 오늘과 내일을 영원히 응원합니다."

이 말처럼 처음부터 잘 쓰려는 사람보다 어제도 오늘도 내일도 꾸준히 쓰는 사람이 되어야 한다. 한 줄이라도 좋으니, 못 써도 좋으니 일단 매일 써야 한다. 그것이 글을 잘 쓰는 최고의 방법이다. 글쓰기에서 '너무 잘 쓰려는 마음'은 오히려 독이 된다는 걸 꼭 기억하기 바란다.

나를 잘 아는 사람들의 평가

"남편이 발로 썼냐고 해요."

4주에 걸쳐 진행되는 에세이 쓰기 수업에 참가한 글벗님은 수업 초반, 글쓰기에 무척 자신 없어했다. 평생 제대로 글을 써 본 적도 없고, 독서도 즐기는 편이 아닌데 요즘 무슨 영문인지 자주 노트에 뭔가를 끄적이게 돼서 내친김에 체계적으로 글쓰기를 배워보자 싶어 강좌를 찾았다고 했다.

3주에 걸쳐 다양한 글쓰기 실습을 하고, 수업이 없는 날에는 혼자서도 할 수 있는 여러 메모법에 대해 공부하도록 했다. 그리고 매주 점검하는 시간을 가졌다. 그리고 대망의 마지막 주 '내가 가장 좋아하는 것들'이라는 주제로 한 편의 에세이 쓰기를 과제로 냈다. 과제를 받자마자 그녀는 일주일 내내 어떤 것을 쓸까 깊이 고민하고, 이것저것을 써보다가 마침내 한편의 글을 완성했다고 한다. 입사 시험 때 자기소개서를 쓴 이후로 한 편의 글을 완성한 것이 처음이었던 그녀는 나에게 메일로 보내기에 앞서 그래도 누군가에게 읽혀봐야겠다는 생각이 들어 마침 집에 있던 남편에게 글을 보여주었다. '그래도 남보다 낫지 않을까' 싶었고, 자신은 이과 출신이지만 남편은 문과를 나온 데다 업무상 회사에서 글도 많이 쓰기 때문이었다. 남편 역시 아내가 요즘 뭔가 자꾸 쓰고 있어서 무슨 내용인지 자못 궁금했던 터라 흔쾌히 글을 받아들었다고 한다. 하지만 첫 줄에서부터 남편의 반응은 그녀의 말 그대로 전하자면 '참혹했다'.

말이 되네 안 되네, 재미가 있네 없네, 심지어 맞춤법이 엉망이네, 하면서 첫 문장부터 끝 문장까지 끝없는 지적이 이어졌다. 마지막에는 "발로 썼냐"며 농담인지 진담인지 구분하기 힘든 말로 그녀의 마음에 큰 상처를 입혔다. 너무 속상했던 그녀는 밤새 글을 제출할까 말까 무척 고민했지만 '뻔뻔하게 공개하라'는 평소 나의 말을 떠올리며 과감히 '발송' 버튼을 눌렀다고 한다.

남편의 참혹했던 반응과 달리 그녀의 글은 '아주, 매우, 많이'

훌륭했다. 자신이 좋아하는 것에 대해서 다양한 관점에서 이야기를 꺼냈고, 자신의 성장 스토리에 맞추어서 '좋아하는 것들'이 어떻게 변해갔는지 전개한 방식이 특히 인상적이었다. 겨우 3주 글쓰기를 배운 솜씨가 아니라며 다들 감탄했다. 나 역시 그녀의 글에서 보이는 장점을 하나씩 칭찬하며 힘을 실어주었다. 몇 가지 코칭을 받은 그녀는 연신 환한 웃음을 보이며 합평 내용을 꼼꼼히 적었고, 오늘 밤 남편에게 이 내용을 모두 보여줄 거라며 주먹을 불끈 쥐었다.

글쓰기 수업에서 내가 자주 하는 말 중 하나가 '가족이나 지인과는 글을 나누지 말라'는 것이다. 글은 순수하게 글 자체로 읽혀야 한다. 하지만 가족이나 지인은 그러기가 쉽지 않다. 유시민 작가는 한 강연에서 "작가는 글로 만나야지 자꾸 이렇게 인간 대 인간으로 만나면 안 된다"고 말하기도 했다. 글과 글쓴이는 불가분의 관계지만 그 경계가 허물어지면 안 된다는 말이다. 나는 이 말에 매우 공감한다.

지인이나 가족은 나의 평소 모습을 떠올리며 '글'보다 인간 '나'를 먼저 보기 때문에 내 글을 순수하게 '글 자체'로 바라보기 어렵다. 행간의 의미를 넘어 글자 간에 숨어 있는 '나'까지 샅샅이 읽게 되는 것이다. 그들은 나에 대한 고정관념, 평소의 모습

등 글을 읽기에 불필요한 정보까지 너무 많이 알고 있다.

재차 강조하지만 글은 '순수하게' 글 자체로 읽혀야 한다. 글의 흐름이 얼마나 논리적인지, 설득력이 있는지, 에피소드나 예시가 공감할 만한지, 무엇을 말하려고 하는지, 핵심 주제어나 키워드는 무엇인지 등이 글에서 읽혀야 한다.

내가 쓴 글을 다른 사람들에게 보여주고, 잘 읽히는지 살피는 단계는 글쓰기 과정에서 반드시 필요하다. 요즘은 글쓰기에 관심 있는 사람들의 모임도 많고 책방, 센터, 도서관 등에서도 글쓰기 관련 수업을 많이 열고 있다. 처음에는 나를 전혀 모르는 사람들이나 알더라도 글로만 나를 바라볼 수 있는 사람들과 글을 나누자. 가족이나 지인의 지적은 미안하지만 글쓰기를 방해하는 적 중 하나다.

SNS에서 받는 공감과 댓글

매일 새벽 시간을 쪼개 블로그에 글을 쓰는, 두 아이를 키우고 있는 육아맘이 글쓰기 수업에 참석했다. 아이를 키우며 정신없이 하루하루를 보내다가 우연히 블로그의 세계를 알게 되었고, 육아를 하면서 겪는 작은 이야기를 조금씩 블로그에 남기기 시작했다. 누가 마감을 정한 것도 아니고, 돈이 나오는 것도 아니었지만 매일 뭔가 할 일이 있다는 것에 소소한 기쁨을 느꼈다. 블로그에 자신의 글이 쌓이는 것을 보면 뿌듯했고 성취감도 느꼈다. 그러던 어느 날, 전날 밤에 쓴 글이 포털사이트 메인에 올라가면서 갑자기 수많은 공감과 댓글이 달리고, 이웃 수가 크게 증가했다.

자신이 쓴 글이 '자기만족'을 넘어 다른 이들의 공감을 이끌어내고, 위로가 되었다는 댓글을 받아본 그녀는 더욱 신이 나서 매일 블로그에 글을 썼다. 하지만 문제는 그 이후에 발생했다. 공감 버튼과 댓글에 자꾸만 신경을 쓰면서 수시로 블로그에 들락거리는 것은 물론, 자신이 쓰고 싶은 글이 아니라 남들이 좋아할 만한 글, 조회 수나 검색이 잘 되는 글을 쓰고 있는 자신을 발견한 것이다.

조회 수에 집착하고 검색을 많이 하는 단어에 맞춰서 글을 쓰다 보니 글감이 제대로 떠오르지 않을뿐더러 내 글감이 아니니 내 이야기가 아닌 어디서 많이 본 듯한 글을 쓰게 됐다고 고백했다. 평소처럼 자신의 경험, 쓰고 싶은 글감이 아니다 보니 당연히 쓸 말도, 할 말도 점점 떨어지고 결국 글쓰기에 대한 자신감과 함께 재미도 시들해지고 말았다.

최근 글쓰기 수업에서 이런 고민을 토로하는 사람이 꽤 많다. 다른 수업에 참가했던 글벗님 역시 마찬가지였다. 그는 수업 내내 짧은 몇 줄의 글(에세이도 아니고 시도 아닌 글)만을 제출했다. 첫 과제를 제출하는 날에는 처음이니 그럴 수 있겠다 싶었다. SNS 글쓰기의 영향으로 이렇게 짧은 단상 위주의 글을 쓰는 사람이 워낙 많았기에 그러려니 했다. 하지만 서평이나 에세이를 제출하는 날에도 시인지 산문인지 분간하기 어려운 글을 연달아 제출했다.

나도 모르게 "시를 주로 쓰시는 분인가 봐요?"라고 말했을 정도였다. 그러던 어느 날 나의 이 말에 글벗님은 자신도 길게 쓰고 싶은데 그게 어렵다며 특히 길게 쓰면 SNS에 반응이 없어서 그런 글은 잘 안 쓰게 된다고 말했다. 솔직히 이 말을 듣고 적잖은 충격을 받았다.

SNS에 매일 글을 쓰는 것은 글쓰기 습관을 기르는 데 매우 유용하다. 나 역시 블로그 글쓰기를 통해 '집 나간 자존감'도 찾았고, '내 이야기를 꺼내서 쓰는 기쁨'을 맛본 사람 중 하나다.

당시 블로그 글쓰기는 나에게 아주 큰 힘이 되었다. 블로그에 공개하는 글을 통해 나와 관심사와 취미가 비슷한 이웃도 많이 만났고, 그들과 소통하면서 글쓰기에 대한 새로운 에너지를 얻기도 했다. 아마 블로그에 글을 쓰지 않았다면 나는 아직도 혼자 골방에서 되지도 않는 글을 계속 쓰는 그런 사람이었을 것이다. SNS에 공개하는 글쓰기는 내가 몇 년간 하루도 빠지지 않고 글을 계속 쓸 수 있었던 비결이다.

하지만 딱 여기까지다. SNS에서 받는 공감과 댓글은 외롭게 혼자 쓰는 글쓰기에 잠시 누릴 수 있는 '여름 보너스' 같은 존재다. 어느 날, 예고 없이 훅 들어온 명절 선물세트 같은 것이라고 나 할까. 자신의 글을 읽고 좋아해주는 누군가가 있다는 것은 느껴본 사람만이 알 수 있는 기분 좋은 떨림이지만, 그게 글쓰기의 이유와 목적이 되어서는 절대 안 된다.

SNS는 '검색'을 기반으로 한다. 검색을 통해 나와 취미와 관심사가 비슷한 이를 만나게 하고, 이를 통해 이웃을 맺고, 공감과 댓글로 소통할 수 있는 시스템으로 운영된다. 많은 사람이 검색하는 키워드가 들어간 글은 조회 수가 높고, 포털사이트도 이런 글을 자주 메인에 올려주는 것은 사실이다.

내가 쓰고 싶은 글감이나 주제는 따로 있는데 이런 '조회 수'나 '검색어'에 현혹되어 정작 글쓰기가 주는 진짜 즐거움을 잃어버려서는 안 된다.

SNS는 주로 스마트폰이나 태블릿 PC로 이용하기 때문에 그 특성상 긴 글보단 짧은 글이 가독성이 높고, 보기에 편하다. 거기에 감각적인 사진까지 어우러진다면 부족한 글도 괜히 더 있어 보이고, 멋스럽게 느껴진다. 실제로 감각적인 글과 사진으로 많은 팔로워를 이끄는 인기 블로거도 많다. 하지만 이것 역시 딱 여기까지다.

단문 위주의 짧은 감각적인 글은 깊은 사유를 방해하고 이런 글은 매번 반복될 수밖에 없다. 가지고 있는 소재와 주제의 한계, 사진과의 연계성 때문이다.

많은 유명 작가들이 SNS에 글쓰기를 권하고 있고 이를 잘 활용하는 이들도 많다. 하지만 그들은 SNS에 쓰는 글을 자기 생각과 단상을 모으고 정리하는 수단으로 사용할 뿐이다. 조회 수가 높은 글이나 키워드를 주제 삼아 글을 쓰거나 이를 연계하지 않는다. 그리고 짧은 글뿐 아니라 긴 글도 쓰고, 글의 특성에 잘 맞는 채널에 다시 올린다. 한마디로 SNS를 활용한 글쓰기를 하는 것이지 'SNS를 위한 글'을 쓰지는 않는다. 이 점을 명심해야 한다.

SNS가 가진 속성과 시스템을 알고 이를 글쓰기에 좀 더 현명하고 지혜롭게 이용한다면 SNS의 공감과 댓글은 글쓰기에 아주 좋은 동기부여의 수단이 될 수 있다. SNS의 역할은 딱 거기까지다.

한 번에 뚝딱 쓰려는 조급한 마음

뒤늦게 독서 토론의 매력에 빠진 글벗님이 있었다. 그는 일주일에 서너 권의 책을 읽어내는 다독가였고, 한 달에 두세 개의 독서 모임에 참가하고 있었다. 한 팀에서는 리더로도 활동 중이었다. 다들 그에게 언제 그렇게 책을 읽느냐고 물었다. 그는 남들이 모두 자는 새벽에 일어나 책을 읽고, 주 2회 정도는 점심시간에 간단하게 점심을 먹은 후 남은 시간을 활용하여 책을 읽는다고 했다. 약속이나 모임이 없는 날은 퇴근 후에 바로 집에 가지 않고 집 근처 카페에서 한 시간 정도 독서를 할 정도로 독서에 대한 그의 열정은 대단했다. 그렇게 독서 시간을 확보한 덕에 그는 1년에 100권이 훌쩍 넘는 책을 읽고 토론할 수 있었다.

직장인 글쓰기 수업에 참가한 그는 "그동안 남의 글을 읽기만 했으니 이제는 좀 쓰고 싶다"는 포부를 밝혔고, 토론한 책의 서평을 쓰고 싶다고 했다. 그리고 그것을 모아 출판하고 싶다는 바람도 전했다. 나는 토론하며 나눈 이야기를 메모하거나 독서 기록, 독후감 같은 걸 써두었는지 물었지만, 그는 이미 여러 번의 토론을 통해 책의 내용과 생각정리를 마쳤기에 쓸거리는 차고 넘친다고 말했다.

우선 독서 토론을 복기하는 메모와 기록을 시작하라고 권했지만 그는 꽤 강경했다. 쓸거리가 차고 넘친다고 말하던 그는 결국 10주에 걸친 글쓰기 수업에서 딱 한 번 서평을 제출했다.

다른 서평 쓰기 수업에 참가했던 글벗님 역시 치열한 독서가였다. 인문교양서적 위주의 독서를 하던 그녀 역시 그동안 읽었던 책을 서평을 통해 정리하고자 하는 욕구가 강했다. 그녀에게도 그동안 읽는 책에 대한 메모와 독서 기록을 매일, 조금씩 할 것을 권했다. 기록을 위해 블로그나 SNS 같은 플랫폼을 활용해 보라는 말도 해주었다. 오랜 설득 끝에 그녀는 그간의 독서 기록을 남기는 블로그를 개설했고, 독서 기록과 더불어 다양한 독서 관련 글을 매일 올리고 있다. 그리고 그 메모들을 바탕으로 한주에 한두 편의 서평과 독후감을 쓰고 있다.

읽은 책을 정리하는 방법으로 서평과 독후감 쓰기에 도전하려는 이들이 많다. 서평과 독후감이야말로 책을 오래 기억할 수 있는 최고의 독서법 중 하나다. 하지만 독서 후에 서평이나 독후감을 바로 쓰기란 현실적으로 불가능한 경우가 많다. 독서를 하면서 꾸준히 메모하고 이를 다양한 방식으로 남겨야 서평과 독후감을 쓸 수 있다.

어떤 글이건 글을 쓸 때 제발 조급해하지 말자. 차근차근 메모부터 시작하면 글쓰기가 훨씬 쉬워진다. 순간의 기록과 메모가 귀찮아 나중에 해야지 하다 보면 결국 단 한 권의 책도 정리할 수 없다. 조금씩 그때그때 읽은 책에 대한 독서 메모와 단상을 남긴 사람들이 서평이나 독후감을 쓸 때 덜 힘들어한다.

'서평 쓰기가 어려워요', '독후감 어떻게 써야 하지요?'라는 말 대신 먼저 그 책에 대한 기록과 메모 남기기, 그것이 먼저다. 그렇게 기록과 메모를 통해 기초를 다진 후에 에세이, 서평, 리뷰, 칼럼 쓰기 등으로 영역을 확장해나가다 보면 어느 순간 책을 쓸 수도, 인기 블로그 운영자가 될 수도 있다. 하지만 그보다 읽은 책을 정리하고 거기에 내 생각을 차곡차곡 얹는 메모가 먼저다. 그냥 하늘 아래 뚝딱 써지는 글은 결코 없다.

거듭 강조하지만 처음부터 잘 쓰는 사람은 없다. 우선 기록과 메모를 통해 내 생각을 정리하는 것부터 시작하는 것이 좋다. 글쓰기는 누가 더 오래 쓰느냐가 관건이다. 잘 쓰고 못 쓰고는 그다음이다. 한 번에 뚝딱 잘 쓰려고 욕심부리지 말고 천천히 오래 쓰자.

쓰면 쓸수록 드러나는 나의 단점

“글을 쓰다 보니 점점 더 제 자신이 드러나네요. 자꾸만 제 단점이 보이는데, 어쩌면 좋을까요?”

온라인 수업에 참가 중인 글벗님은 해외에서 두 아이와 함께 1년 살기를 하고 있는 워킹맘이다. 그녀는 장기근속으로 1년의 안식년 휴가를 받았다. 안식년 휴가를 어떻게 하면 좀 더 의미 있게 보낼 수 있을까 생각하다가 과감하게 두 아이와 함께 해외에서 1년 살기를 선택했다. 그녀가 선택한 나라는 가는 곳마다 천혜의 자연풍광이 넘쳐나고, 만나는 사람마다 여유가 넘쳐 보이는, 이 지구상에서 가장 걷기 좋다는 그곳, 하와이였다.

치열하고 각박했던 오랜 직장생활, 두 번의 출산과 곧바로 이어진 힘겨운 워킹맘 생활, 그녀는 떠나고 싶었다. 그동안 애써 일한 본인에게 특별한 보상을 해주고 싶었고 무엇보다 승진시험에 필요해서 계속 짐처럼 떠안고 있었던 '영어의 굴레'를 벗어나고 싶었다. 아이들이 더 크기 전에 엄마와의 특별한 추억을 만들어주고 싶다는 마음도 있었다. 외국에서 1년 산다고 자신이나 아이들의 어학 실력이 엄청나게 달라지지는 않겠지만 그래도 다른 나라에서 거주해보는 경험이 아이들의 어학교육에 작게나마 영향을 미칠 것이라고 기대했다. 또한 이번 기회를 통해 아이들에게 바쁘고 정신없는 엄마가 아닌 여유 있고 느긋한 엄마의 모습도 보여주고 싶었다.

준비과정에서 예상치 못한 난관에 부딪치기도 했지만, 그녀는 두 아이와 함께 하와이행 비행기를 탔고 꿈에 그리던 생활을 시작했다. 그러던 어느 날, 우연히 내 책을 읽고 온라인 프로그램을 신청, 매일 아이들이 잠든 시간을 틈타 무려 열아홉 시간의 시차를 극복하며 열심히 1일 1메모를 썼다. 그렇게 2기째 씩씩하게 메모를 이어가던 그녀에게 복병이 터지고 말았다.

메모를 하며 매일매일 자기 생각과 감정을 정리하다 보니 문득 그동안 일하느라, 아이를 키우느라, 집안일을 하느라 미처 깨닫지 못한 채 흘려보냈던 감정이 하나씩 깨어나 자신을 괴롭히기 시작한 것이다. 자신의 못난 모습만 보여 글을 계속 쓰는 게 너무 힘들다고 했다.

이런 고민은 비단 그녀만의 이야기가 아니다. 글을 쓰다 보면 이런 현상은 누구에게나 찾아온다. 결론부터 말하자면 이는 글을 잘 쓰고 있다는 징조이자 기분 좋은 신호다.

글쓰기가 우리에게 주는 장점은 대단히 많다. 조각조각 흩어졌던 생각과 감정을 하나하나 글로 적다 보면 어느새 정리가 되고 그것을 객관적으로 바라보게 된다. 어쩌면 글쓰기에서 만날 수 있는 당연한 과정이다. 글을 쓰면 쓸수록 내가 어떤 사람인지 분명하게 알 수 있고, 눈에 보이지 않았던 것이 글로 남겨짐으로써 더욱더 명확해지기 때문이다.

서평가 금정연이 『아무튼 택시』라는 책에서 했던 "책을 읽으면 읽을수록 읽어야 하는 책이 많아"지고, "글을 쓰면 쓸수록 내가 쓰는 글이 싫어"진다는 말도 이와 비슷한 맥락이다. 많은 이들이 글쓰기를 하다가 멈추거나 포기하는 이유 중 하나도 이렇게 불쑥불쑥 드러나는 '자신의 단점' 때문이다.

세상에 글 쓰는 사람은 두 종류로 나뉜다. 하나는 쓰면 쓸수록 드러나는 자신의 단점을 괴로워하며 '굴'을 파는 사람, 다른 하나는 쓰면 쓸수록 드러나는 자신의 단점을 파악하고, 이를 자신만의 강점과 특성, 개성으로 승화시키는 사람이다. 글을 쓰면서 나의 단점이 보이기 시작했다면 이는 나를 제대로 인식하기 시작했다는 신호이다. '단점'이 드러난다고 해서 포기하고 좌절할 것이 아니라 이를 글쓰기를 한 단계 업그레이드할 기회로 삼으면 된다.

'나의 단점'이 자꾸 보여서 괴롭다면 글의 주제를 자신이 좋아하는 분야, 관심 있는 분야, 잘하는 분야로 바꿔보자. 좋아하는 분야로 글의 주제를 확장해서 글을 쓰다 보면 어느 순간 단점 대신 장점이 보이기 시작할 것이다. 그리고 이는 나만의 콘텐츠로 발전해갈 것이다.

내가 좋아하고, 관심 가고, 잘하는 것에 관한 이야기를 눈으로 보면서 얻는 성취감은 글을 쓴 사람만 누릴 수 있는 특권이다. 글을 쓴다는 것은 나를 알아가고, 찾아가고, 만들어가는 과정이다. 이 과정에 꽃길만 있다면 새빨간 거짓말이다. 애써 숨겨왔던 기억, 기억 저편에 밀쳐두었던 감정이 스멀스멀 올라오기도 하고, 이런저런 사정으로 30일간 쓰겠다는 다짐이 온데간데없이 사라지기도 한다. 열흘도 되지 않아 펜과 노트를 더 멀리 밀쳐내고 있는 나를 발견할지도 모른다. 난데없이 멀쩡했던 시댁에 일이 생기기도 하고, 애가 아파 노트북에 손을 얹을 기분도 아닐 때가 분명 온다. 하지만 그런 과정에서 나라는 사람의 글쓰기 컨디션이 어떻게 유지되거나 망가지는지 살피고 보살펴야 한다.

누구에게나 단점은 있다. 단점을 자기합리화와 변명의 도구로만 쓴다면 그것은 영원히 단점으로만 남을 것이다. 하지만 이를 자신을 알아가는 도구로 활용한다면 글쓰기는 단순히 글을 쓰는 차원을 넘어서는 무엇이 된다.

다른 사람의 글과
비교하는 습관

'글이 되는 30일 메모 학교'에는 다른 이들의 메모를 읽고 댓글을 다는 미션이 있다. 댓글을 달 때는 메모를 읽고 느낀 점, 잘 쓴 표현이나 문장 등을 구체적으로 칭찬해야 한다. '잘 썼어요', '좋은 글이네요', '감동적이에요'라는 식의 막연한 칭찬보다는 한 장의 메모를 읽고 단 한 줄이라도 내 느낌을 담아 댓글을 달면 댓글을 쓰는 이도, 댓글을 받는 이도 그 무엇보다 좋은 효과를 볼 수 있다.

전업 작가나 기자, 칼럼 연재자의 경우에는 독자의 피드백을 받을 수 있는 공간이 허락되지만, 그 외 사람들에게 내 글이 잘 읽히고 있는지 확인할 수 있는 기회는 흔하지 않다. 내 글에 달린 댓글을 읽으며 내 의도와 생각이 글로 잘 표현됐는지 바로바로 확인할 수 있기에 '댓글 달기'는 메모 학교에서 아주 중요한 미션 중 하나다.

댓글 달기는 감상을 공유하는 데서 끝나지 않는다. 느낀 점과 더불어 잘 쓴 문장과 표현을 구체적으로 언급하기 때문에 어떤 문장이 다른 이들에게 잘 읽히는지 확인할 수 있다. 댓글 미션을 통해 미처 발견하지 못했던 자기 글의 장점을 발견한 글벗들이 많다. 무심코 쓴 문장이 누군가에게 큰 위로를 주기도 하고, 공감을 불러오기도 한다. 하지만 이 댓글 미션을 하다 보면 이런 말을 하는 글벗이 꼭 한두 명씩은 나온다.

"제 글에는 잘 썼다는 댓글을 눈을 씻고 찾아봐도 없는데 다른 분들 글에는 차고 넘치네요."

"세상에 글 잘 쓰시는 분들이 참 많네요."

"기가 죽어서 글을 못 쓰겠어요."

글쓰기 수업을 나름 신나게 진행하다가도 맥이 탁 풀리는 순간이다. 그런데 아이러니하게도 그런 말을 하는 글벗님들의 대다수는 글을 굉장히 잘 쓴다.

무려 10개월이 넘게 메모 학교에 참가하고 있는 글벗님이 있다. 이제 막 돌이 되는 손주가 있는 60대의 할머님이시다(본인 스스로 할머님이라고 하셔서 이렇게 칭할 뿐, 나와 다른 글벗들이 보기에는 전혀 할머니 같지 않으시다). 처음 그녀는 나에게 "나이가 60이 넘었는데 이런 과정에 참가해도 되는지, 젊은 사람들에게 민폐가 되지 않을까 걱정"이라고 했다. 글을 쓰고 싶다는 마음에 나이는 전혀 문제되지 않는다. 오히려 다양한 연령층이 함께 글을 쓰면 여러 세대의 이야기를 주고받을 수 있기에 나는 두 팔 벌려 그녀의 메모 쓰기 도전을 환영했다. 그렇게 시작된 그녀의 메모 쓰기는 1년 가까이 계속되고 있다. 다음 기수로 이어지면 그녀는 슬쩍 나에게 카톡을 보낸다.

"이번에도 함께합니다."

얼마 전 그녀에게 다른 글벗님들이 물었다. 어떻게 그렇게 오래 할 수 있느냐고. 그녀는 간단하게 "같은 곳을 바라보는 분들과 함께하다 보니 시간이 어떻게 지났는지 몰랐네요"라며 겸손하게 말했다. 그녀는 딸의 출산을 옆에서 돌봤던 며칠을 제외하고는 지금껏 단 하루도 빠지지 않고 메모를 하고 있다. 그녀는 한 순간도 다른 이의 글과 자신의 글을 비교하지 않는다. 묵묵히 매일의 일상을 메모로 기록하고 더불어 다른 이의 메모에 칭찬해준다. 1년여 동안 한 번쯤 터져 나올 법한 하소연조차 없었다.

글쓰기는 장기전이다. 한번 하고 말거나, 몇 달 하고 말 것이 아니다. 일단 시작하면 평생 하게 될 일이다. 장기전이니만큼 다양한 변수를 만나기 마련이다. 나보다 잘 쓰는 사람, 나보다 책을 많이 읽은 사람이 당연히 존재하고, 당연히 만날 수밖에 없다. 사람마다 시작이 다르고, 독서량도 다르며, 표현 방법도 다르다. 투자할 수 있는 시간, 체력 등 글쓰기에 영향을 미치는 요소들이 많다. 설사 이 모든 조건이 동일하더라도 피드백이나 코칭을 빠르게 흡수하는 사람도 있고, 느린 사람도 있다. 출발이 같아도 결과는 얼마든지 다를 수 있다. 그러므로 글쓰기에서 남과의 비교는 무의미하다.

다른 이들의 글을 보면서 내 글의 부족한 면을 찾기보다는 배울 것은 배우면서 나만의 생각을 어떻게 글로 잘 써내려 갈지 그 부분만 고민하면 된다.

쓸데없는 '남과의 비교'로 시간 낭비를 하기보다는 오늘의 내가 어제의 나보다 얼마나 더 썼고, 얼마나 좋은 문장을 생각했는지에 집중하는 것이 더 효율적이다. 남의 글과 내 글을 비교할 시간에 어제의 나, 오늘의 나와 비교하자. 나보다 잘 쓴 사람의 글을 보고 비관하고 포기하기보다는 그 사람의 글은 나의 글과 무엇이 어떻게 다른지 꼼꼼하게 살펴보고, 그 글의 장점은 무엇이고 내 글의 장점은 무엇인지 하나하나 체크해보자. 그리고 한 번쯤 돌아보자. 과연 내가 내 글을 얼마나 사랑하고 아끼고 있는지, 더불어 내가 글 쓰는 행위 자체를 사랑하는 것인지 아니면 글쓰기로 인해 얻을 수 있는 무엇인가에 집착하는 건 아닌지.

겸손을 가장한 자기비하

글쓰기 수업 중 서평 쓰기 수업이 있다. 한 주는 책을 읽고 이야기를 나누고, 한 주는 그 책에 관한 서평을 써서 수업 전에 제출한 후 합평과 코칭을 하는 수업이다. 두 번에 걸쳐 진행되는 이 수업 간의 온도 차이는 극명하다. 참가하는 사람은 같은데 반응은 무척 다르다.

책을 읽고 이야기를 나누는 날인 첫 시간엔 교실 문을 들어서는 이들의 표정이 세상을 다 얻은 듯 활기차다. 자신이 책을 완독했다는 것 자체를 기뻐하고 환호한다. 연신 얼굴에서 미소가 피어오른다. 특히 어렵고 페이지 수가 많은 고전이나 인문서를 읽고 온 날에는 참가자들의 어깨가 한층 더 솟아오른다.

하지만 바로 다음 주 서평을 제출하는 두 번째 시간이 되면 사람들은 다른 얼굴로 나타난다. 분명 마감 시간도 잘 지키고, 문장도 미려하며 자기 생각과 느낀 점, 책 내용을 잘 정리했으며, 근거로 찾은 발췌도 적절함에도 불구하고 그들은 교실 문을 들어서자마자 반쯤 일단 허리를 굽힌다. 무릎은 이미 땅바닥으로 향한다.

"시간이 없어서 제대로 못 썼다", "내용이 부실하다", "발췌는 많이 했는데 막상 쓰려고 하니 잘 맞지 않은 듯하다" 등 자기 글에 대한 비하가 이어진다. 한 사람이 시작하면 앞다투어 "저도요"를 연발하는 수강생들, 이런 자기비하성 멘트가 시작되면 난 바로 합평으로 돌입한다.

우선 참가자들에게 자기 글에서 드러내고자 했던 주제와 메시지, 생각을 세 문장 정도로 요약하여 말해보라고 주문한다. 그런 다음 자신의 글을 낭독하게 하는데, 이때 다른 참가자들에게는 글쓴이가 말한 내용이 글에 잘 담겼는지 살펴보면서 눈으로 함께 읽게 한다. 글을 읽으며 그 글에서 가장 인상적인 표현이나 문장을 찾아 표시하게 하는데, 낭독이 끝난 후엔 각자 글에서 찾은 장점과 잘된 표현, 문장을 언급하며 칭찬의 말을 주고받게 한다. 그제야 내심 안심이 되는 듯 글쓴이의 얼굴에 옅은 미소가 번진다.

글을 쓴 사람은 그것이 한 줄 메모건, 자신의 경험을 쓴 에세이 한 편이건, 책이나 영화, 드라마를 보고 쓴 리뷰건 썼다는 것 자체만으로도 칭찬받아야 마땅하다는 것이 나의 지론이다. 아무도 읽지 않은 시대에 읽고(보고) 거기다가 글까지 쓴다니, 이보다 훌륭한 이들이 또 있을까.

하지만 우리는 글을 쓰고, 내 글을 보여주는 데 익숙하지 않다. 뭔가 내 생각을 드러낸다는 것이 부끄럽고 불안하다. 나는 이것을 '겸손'을 가장한 '자기비하'라고 말한다.

글을 쓰는 행위, 자기 생각을 표현하는 행위는 창피하거나 부끄러운 일이 아니다. 조금만 더 당당해지자. 잘 썼으면 잘 쓴 대로 못 썼으면 또 못 쓴 대로 자꾸 보여주고 공개해야 내 글이 제대로 읽히고 있는지, 내 생각이 잘 담겼는지 알 수 있다. 그러기 위해서는 아무리 못난 글이라도 자신의 글을 사랑해야 한다. 아무도 읽지 않는 시대에 골방에 갇혀 외롭고 힘들게 스스로 써낸 글이다. 예뻐하지는 못할망정 자기비하의 도구나 폄하의 수단으로 삼지는 말자.

당신이 쓴 글은 그닥 나쁘지 않다. 정말이다.

세상에 완벽한 글은 없다

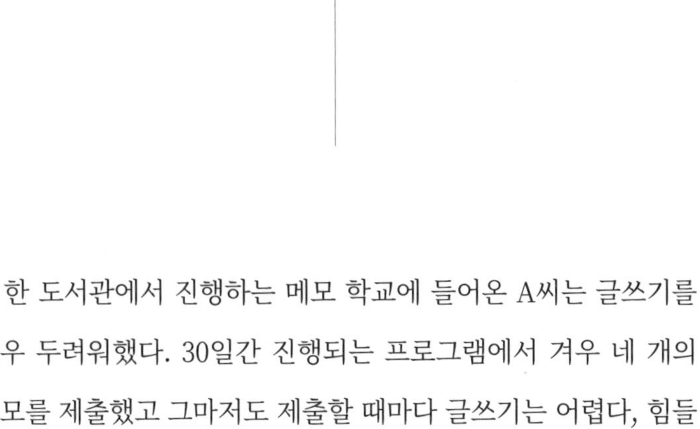

한 도서관에서 진행하는 메모 학교에 들어온 A씨는 글쓰기를 매우 두려워했다. 30일간 진행되는 프로그램에서 겨우 네 개의 메모를 제출했고 그마저도 제출할 때마다 글쓰기는 어렵다, 힘들다, 모르겠다라는 말을 덧붙였다. 어떤 날은 시간이 없어서, 어떤 날은 써놓고 부끄러워서, 어떤 날은 본인 마음에 들지 않아서 제출하지 못했다고 고백했다.

반면 같은 반의 B씨는 첫날 자기소개 때부터 세상에 태어나 글이라는 것을 처음 써본다고 밝혔다. 오랜 시간 한 집안의 가장 역할을 해야 했고, 생계를 책임져야 했기에 읽고 쓰는 일에는 도통 눈을 돌릴 수 없었다고 했다. 하지만 어찌 된 영문인지 최근 들어 글쓰기에 자꾸 이끌리게 되었고, 서점에서 내 책을 우연히 본 후 블로그와 브런치를 꾸준히 구독하다 '글이 되는 30일 메모 학교'에 등록했다고 했다. 더불어 자신의 서툴고 미숙한 글에 놀라지 말고 힘들겠지만 하나씩 가르쳐달라는 말을 전했다. 그리고 첫날, 그녀의 첫 메모가 올라왔다. B씨의 첫 메모는 그녀의 말처럼 기본적인 맞춤법도 갖춰져 있지 않은, 날 것의 메모였다.

하지만 B씨는 단 하루도 빠지지 않고 (심지어 공식적으로 쉬어가는 날마저) 꾸준히 메모를 남기고 그것을 공유했다. 더불어 내가 전해주는 코칭 내용과 동기들의 댓글, 칭찬의 말, 응원 글까지 하나도 놓치지 않고 모두 기록하고, 두 번 세 번 반복해서 적용해보는 모습을 보였다. 단톡방에서 새로운 이슈나 이야기가 나오면 관련 도서를 추천해달라는 톡을 꼭 남기고, 다음 날 여지없이 그 책을 구해 읽고 있는 모습을 보였다.

삐뚤빼뚤 연필로 어색하게 써내려가던 그녀의 메모는 한 달 후 워드로 진화했고, 맞춤법도 안 맞던 글은 자기 생각을 명확하게 드러내는 글로 탈바꿈되었다.

30일 과정이 끝났을 때 나는 이달 최고의 메모로 그녀의 메모를 꼽았다. 감격에 겨운 그녀는 이 모든 공을 자신을 잘 이끌어주고 칭찬해준 동기들과 나에게 돌렸다. 과정을 마친 후 나는 한참 생각했다.

'만족스럽지 않고 부끄럽다고 글을 제출하지 않았던 A씨와 잘 못 써도 용기 있게 공개한 B씨 중 누가 과연 글을 잘 쓰는 사람일까?'

A씨는 끝내 문집에 자신의 글을 수록하지 못했다. 완벽하게 잘 쓴 글을 제출하고 싶다던 그녀는 마지막 날 다른 사람들의 글로 가득 찬 문집을 가져가야 했다.

그녀가 그토록 원했던 '완벽한' 글, 그것이 과연 존재하기나 할까? 세상에 100% 완벽한 것은 없다. 단지 완벽해지려고 노력하는 마음만 있다. 완벽한 것을 찾기보다 완벽해지려고 노력하려는 자세, 그것이 '좋은 글'을 쓰게 하는 태도다.

세상에 완벽한 글은 어디에도 없다. 세상에 존재하는 글은 그저 '마감'을 잘 마친 글이다. 하루 종일, 며칠을 붙들고 있는다고 해서 글은 완벽해지지 않는다. 이건 분명하다. 내가 정한 마감 혹은 모임이나 수업, 기타 약속에 맞춰 낸 글만이 존재할 뿐이다. 그래서 글은 언제나 아쉽다. 그 아쉬운 마음이 또 다음 글을 쓰게 한다. 그러니 너무 완벽한 글에 집착하지 말자.

2장

한 장 메모로 글쓰기가 만만해진다

세상은 넓고 글 쓰는 방법은 다양하다. 어떤 이는 좋아하는 작가의 글을 따라 쓰라고 하고, 어떤 이는 말하는 것을 그대로 녹음해서 글로 옮겨보라고 권한다. 또 어떤 이는 아침에 일어나자마자 무조건 책상 앞에 앉아 쓰라고 말한다. 그 외에도 다양한 글쓰기 방법이 있는데 이 중 가장 기본이 되는 방법을 꼽으라고 하면 단연 '메모하기'다.

글쓰기를 두려워하고 어려워하는 이들에게 "오늘 있었던 일을 글로 써보세요"라고 주문하면 열 명 중 한두 명 정도가 글을 쓴다. 그나마 하다가 이내 포기하거나 부끄럽다며 쓴 글을 보여주고 싶어 하지 않는다. 하지만 "오늘 있었던 일을 메모해보세요"라고 주문하면 거의 모두가 펜을 잡고 뭔가를 열심히 쓴다. 결론은 이렇다. 글쓰기는 어렵지만, 메모는 쉽고 간단하다. 무엇보다 만만하다. 그러니 이 방법을 글쓰기에 적용해보자. 평소에 무심코 적었던 메모에 내 생각을 담아보기도 하고, 오늘 보고 듣고 느낀 것을 써보자. 그렇게 하나씩 내 주변의 일을 적다 보면 메모가

습관이 되고, 습관처럼 쓴 메모가 한 줄에서 두 줄로,
두 줄에서 열 줄로 점점 발전해가는 것을 볼 수 있다.

많은 작가들이 글쓰기는 기교나 기술이 아니고
습관이라고 했다. 습관은 어떤 행위를 오랫동안
되풀이하는 과정에서 저절로 익혀진 행동 방식을
말한다. (네이버 어학사전 참고) 이때 그 방법이나
과정이 힘들면 습관으로 만들기 어렵다. 필사하기,
녹음하기 등도 좋지만 우선은 쉽고 가벼운
메모로 습관을 만들어보자. 그게 먼저다.
이번 장에는 본격적인 '30일 메모 글쓰기'에 들어가기
전에 왜 메모로 글쓰기를 시작해야 하는지 그 이유에
대해 말하겠다. 메모하기를 통해 어떻게 그 어렵다는
글쓰기를 시작할 수 있는지 지금부터 알아보자.

하루에 10분, 30일이면 충분하다고?

메모를 습관화하고 글쓰기에 좀 익숙해지려면 과연 얼마의 시간이 필요할까? 난 30일이면 충분하다고 생각한다. 단, 30일 동안 다양한 방식의 메모를 시도했을 경우에 한해서다. 하소연과 넋두리로 점철된 일기나 매일 감사할 거리를 찾아 쓰는 감사일기 같은 글은 여기서 제외된다. 성경이나 불경 필사도 제외한다. 한 권의 책을 전부 그대로 베껴 쓰는 것도 제외한다.

내 주변에서 들은 것, 본 것, 느낀 것, 일상에서 만난 사람들의 이야기, 책을 읽으며 밑줄 그었던 문장이나 드라마, 영화 속 대사 등을 다양한 방식으로 30일간 꾸준히 메모하면 글쓰기 근육이 생겨 습관으로 만들 수 있다.

달력을 사용한 이래로 인간은 한 달 '30일'이라는 프레임에 맞춰 생활하는 데 익숙해졌다. 자각하지 못하는 사이에 '30일'이라는 마법에 우리의 생활 리듬이 길들여졌다.

매월 첫날 달력을 넘기며 새로운 각오를 다지고, 15일쯤 되면 벌써 한 달의 절반이 지나갔음에 애석해한다. 25일 월급날이 되면 수고한 나에게 선물이라도 해줘야 할 것 같고, 27일이나 28일쯤 되면 한 달을 그냥 흘려보낸 것은 아닌지 다이어리를 펼쳐 점검해보기도 한다. 우리 생활에 깃든 이 30일 주기를 '메모로 글쓰기 습관 만들기'에도 적용해보자.

새로운 한 달이 시작되는 1일에 활기찬 마음으로 메모를 시작하고, 15일에는 중간점검을 하며 다시 한번 각오를 다지고, 25일에는 좀 더 박차를 가하는 식으로 응용해보자. 나는 그간 다양한 방법으로 지속적인 글쓰기가 가능한 기간을 많은 이들과 함께 실험해보았다. 100일 글쓰기, 60일 글쓰기, 2주 단기 글쓰기 등 다양한 프로그램을 운영해본 결과 '30일'이 글쓰기 습관을 들이기에 최적화된 주기임을 깨달았다.

글쓰기를 습관화하고 메모를 일상화하는 데 30일이면 충분하다. 30일로 기간을 정했으니 이제 메모를 쓰는 데 하루에 얼마 정도의 시간이 필요한지 생각해보자. 메모하는 데 걸리는 시간은 사람마다 다르겠지만 난 하루 10분 정도로 시간을 제한한다.

처음 글쓰기 수업에 참가한 분들께 나는 일단 딱 10분만 해볼 것을 권한다. "10분 안에 메모를 어떻게 하냐? 난 못한다. 세상 처음 쓰는 사람한테 이게 말이 되는 소리냐" 등의 원성을 듣기도 하지만 난 "일단 한번 해봐라, 가능하다"라고 힘주어 말한다. 솔직히 더 긴 시간을 들인다고 해서 더 좋은 글을 쓰는 것도 아니다.

우선은 하루 10분만 메모에 집중하자. 이후 시간을 늘려도 좋다. 그것은 개인에 따라 다르다. 단, 하루 10분은 반드시 확보하자. 매일 해야 하는 메모다. 10분 이상 소요된다면 부담스러워서 하기 싫어진다. 그러니 일단은 딱 10분, 더도 말고 덜도 말고 그 만큼부터 시작하자.

한 장의 메모가
안 쓰던 나를 쓰게 한다

지역 맘카페에 알려지면서 한 도서관에서 진행한 글쓰기 수업에 젊은 엄마들이 대거 참가한 적이 있다. 대부분 30~40대의 육아맘이었다. 글쓰기 수업은 5주 동안 진행되었는데 처음 2주는 글쓰기 습관을 키우기 위해 수업이 없는 날에도 꾸준히 메모할 것을 제안했다.

다양한 메모 방법을 알려주고 그중 자신에게 가장 편한 방법으로 매일 메모해보라고 주문했다. 그러자 여기저기서 웅성대는 소리가 들리더니 "매일 메모라니 말도 안 된다", "중학교 이후 글을 써본 적이 없다", "아이들과 정신없는 하루를 보낸다", "9

시만 되면 녹다운된다", "애가 셋이다" 등등 매일 메모를 할 수 없는 다양한 이유가 쏟아졌다. 어찌 된 영문인지 그 수업 참가자는 평생 글과는 담을 쌓고 살았던 사람들이 대부분이었다.

참가자들의 이야기를 모두 들은 후, 메모할 시간이 없다고 하니 만들어주겠다며 '나만의 절대시간 찾기 표'를 배부했다. (*86~87쪽 참고) 자신이 24시간을 어떻게 보내는지 생각해본 후 시간대별로 꼭 해야 하는 일을 적어보게 했다. 세 끼의 식사 준비와 정리, 집 안 청소, 등교 준비 및 아이들 픽업 등 주부가 해야 할 일은 이루 말할 수 없이 많다. 꼭 해야 할 일이 있는 '의무시간'을 제외하고 24시간 중에 오롯이 나에게 집중할 수 있는 시간을 10분짜리, 30분짜리로 체크하게 했다.

10분짜리 시간에는 메모를, 30분짜리 시간에는 책 읽기를 하라고 하면서, 첫 주에는 '하루 10분 순간 메모'만 먼저 시작하게 했다. 시간표에 해야 할 일을 하나하나 기록하던 엄마들은 하루 24시간을 쭉 펼쳐놓고 보니 의외로 없다고만 생각했던 자투리 시간이 눈에 보인다고 했다.

시간표를 정리한 후 휴대폰을 꺼내 그 시간을 깜박하고 넘어가지 않도록 알람을 맞추게 했다. 기존에 설정해놓은 기상 알람이나 아이들의 일정 알람 등과 구별되도록 벨소리를 다르게 지정하라는 말도 덧붙였다. 글쓰기 알람을 다른 알람과 같은 소리로 해놓아서 낭패를 보는 엄마들이 간혹 있기 때문이다.

한 주 후, 본격적으로 수업을 시작하기 전에 지난 시간에 알려주었던 내용을 하나씩 상기시키며 매일 메모하기 습관에 대해서도 다시 한번 언급했다. 더불어 과제를 잘했는지 물어보며 한 주 동안 쓴 메모의 개수와 주로 어떤 내용을 썼는지를 말하게 했다.

잊지 않고 잘할 수 있을지 모르겠다고 걱정하던 것과는 달리 열두 명 중 열 명이 주 4회 이상 메모를 했고, 그중 몇 사람은 그 자리에서 당당하게 낭독하며 주위 사람들의 박수를 한 몸에 받았다. 언뜻 보기에도 꽤 뿌듯해하는 게 느껴졌다.

"선생님께서 알려주신 방법대로 해보니 이게 되네요!"

"참 신기했습니다. 책도 잘 읽지 않던 제가 메모를 하고, 책을 읽었어요. 애들에게 책 읽으라고 잔소리만 해댔는데 제가 책 읽는 모습을 보여주니 아이들이 놀라요."

"전 아이들과 함께 메모하기를 해요. 알람이 울리면 모두 함께 각자 편한 방식으로 글을 적어요. 저는 노트에, 초등학생 아들은 스케치북에 적어요. 아직 한글을 못 뗀 막내는 그림을 그리고요."

결과는 대성공이었다. 그들은 수업이 이어지는 5주 내내 메모 습관을 지속했고, 일주일에 한 번씩 나에게 받는 검사도 즐거워

했다. 첫 주에는 한두 개의 메모만 간신히 적어왔던 엄마들도 그 다음 주에는 대여섯 개의 메모를 가져왔다. 5주간의 수업이 끝난 후엔 메모했던 독서 기록, 일상 기록을 모아 문집까지 만들었다. 문집 전달 및 수료식에서 한 육아맘이 자신의 글을 낭독하며 이런 말을 건넸다.

> "저는 사실 글이라는 것을 평생 처음 써봤습니다. 공대를 나와 평생 이공계 쪽 일만 하다가 아이를 낳은 후 경단녀가 되니 그동안 배우고 일했던 것이 아무짝에도 소용이 없더라고요. 아이 키우는 데는 1도 도움이 안 되는 거예요. 이런 생각이 드니 그동안 제가 했던 일, 했던 공부가 다 무용지물 같고 제 자신이 한심하더라고요. 그런데 이번 글쓰기 수업을 통해 '나도 쓸 수 있구나'라는 것을 느꼈습니다. 아직 잘 쓰지는 못하지만, 글을 쓰면서 제 자신이 살아 있다는 것을 느낍니다. 순간의 메모가 저에게 아주 많은 것을 주었어요."

그녀의 소감을 듣는 내내 함께 수업했던 엄마들도 나도 벅차오르는 감정을 억누르기 힘들었다.

사실 안 쓰고 살아도 된다. 등 떠밀면서 쓰라고 강요하는 사람도 없다. 하지만 순간의 생각과 감정을 담은 메모가 한 장 두 장모이다 보면 내가 어떤 사람인지 더 잘 알게 되고, 무의미하게 그냥 지나가던 시간이 생생하게 살아 움직이는 것을 느끼게 된다.

이런 놀라운 변화를 만드는 것이 바로 '순간의 메모 한 장'이다. 멀게만 느껴지던 글쓰기가 '메모'를 통해 내 삶에 들어올 수 있다. 짧은 순간의 메모가 안 쓰던 나를 쓰게 한다. 그거면 충분하지 않은가.

그 과정이 끝난 이후에도 열두 명의 엄마들은 지역 카페와 도서관에 모여 각자 써온 글을 나누고 함께 읽는 모임을 지속적으로 진행하고 있다.

메모에는 안 쓰던 사람을 쓰는 사람으로 변화시키는 힘이 있다. 글쓰기, 진짜 어렵지 않다. 잠깐 멈춰서 순간의 내 생각을 그저 적기만 하면 된다.

평범한 일상이 특별하게 바뀌는 마법

40대의 중견 직장인인 C씨는 두 아이의 아빠이자 한 기업의 관리직이다. 그의 표현대로라면 말이 좋아 관리직이지 후배와 상사 사이에 샌드위치처럼 낀, 이것도 저것도 아닌 사람이 바로 자기라고 했다. 일상 역시 그의 표현대로라면 '매우 평범'했다.

월요일부터 금요일까지는 매일 '같은' 시간에 지하철을 타고, '같은' 사무실에 들러 매년 '비슷한' 일을 한다. 회사를 옮긴 적도 없어 점심도 15년째 거의 몇 개의 식당을 돌아가며 먹고 있다. 식사를 마치고 마시는 커피 역시 똑같다. 여름에는 아이스 아메리카노, 그 외 계절에는 따뜻한 아메리카노를 마신다는 점만 다를 뿐이다. 사무실에서 매일 신는 슬리퍼마저 15년째 같은 디자인이고, 여름을 제외한 계절에 사무실에서 걸치는 카디건 역시 같은 색깔의 옷을 두 벌 사서 번갈아 입는다.

주말 역시 다르지 않다. 시골에 계신 부모님을 가끔 찾아뵙고, 대학 동기나 고등학교 동창들을 만나 매번 똑같은 추억 퍼즐 맞추기를 반복적으로 하고, 어쩌다 그들과 함께 진탕 술을 먹고 온 날에는 아내에게 매번 듣는 잔소리를 똑같이 듣는다. 남들처럼 골프나 운동에는 취미도 재주도 없어 약속없는 주말에는 소파와 물아일체가 되는 그런 평범한 나날을 보내고 있다고 했다.

그랬던 그가 어느 날, 우연히 간 서점에서 글쓰기 관련 책을 읽게 되었고, (심지어 내 책이다!) 그 책을 통해 글쓰기 수업에 들어왔다.

"작가님, 매일매일이 이렇게 단조로운 저도 쓸 게 있을까요?"

그가 첫 수업에 던진 질문이다. 사실 대한민국, 아니 전 세계 상당수의 사람이 C씨와 크게 다르지 않은 삶을 산다. 다들 이렇게 매일 같은 장소에서 같은 행동을 반복적으로 하며 산다. 날마다 새로운 일을 하며 대단하고 특별한 하루하루를 보내는 이들이 과연 얼마나 될까.

토크쇼 <대화의 희열>이라는 프로그램에 유시민 작가가 출연

한 것을 본 적이 있다. 그는 '인생의 의미'에 대해 묻는 유희열의 질문에 이렇게 대답했다.

"인생에는 원래 의미가 없어요. 그저 사는 우리가 인생에 의미를 부여할 뿐이지."

다 알고 있다고 생각했는데 유시민 작가의 이 말을 듣고 무릎을 쳤다. 그의 말처럼 인생에 아주 특별하고 대단한 것은 별로 없다. 화려하게 보이는 연예인들도 무대에 오르고 방송촬영을 할 때만 특별하지 그 외의 날들은 한 가정의 남편이요, 아내요, 자식이다. 그렇게 평범하게 산다.

삶이 평범해서 쓸 것이 없다는 말은 옳지 않다. 오히려 평범한 삶을 매일 기록하고 메모하다 보면 그 삶이 특별해진다.

나와 글쓰기 수업을 오래 함께하고 있는 D씨는 경기도 외곽의 한 편의점 점원이다. 늦은 나이에 독립한 그는 오전 9시부터 밤 10시까지 편의점에서 근무한다. 외곽에 있어서 비교적 손님이 적고 할 일도 많지 않다는 이유로 그는 이곳을 선택했다. 하지만 손님과 일이 적은 대신 무료했고 일상이 비슷했다. 게다가 근무하는 열세 시간 동안 편의점 밖으로 50보 이상 벗어날 수 없었기에 그의 행동반경 또한 좁았다. 손님이 왔을 때 즉각적으로 반응할 수 있는 거리에 있어야 하기 때문이다.

매일 메모할 주제나 소재가 부여되지만 그마저도 몇 달 지속하니 반복되는 느낌이라며 다른 걸 써보고 싶다고 고민을 토로했다. 며칠 그의 메모를 꾸준히 살펴보니 어느 날부터인가 그가 아침 출근 전 산책 겸 걷기운동을 한다는 내용이 있었다. 유일하게 편의점에서 멀리 떨어질 수 있는 시간이 허락된 이른 아침에 걷기운동 겸 다이어트를 시작해야겠다는 포부도 메모에 담겨 있었다.

난 그에게 걸으면서 보는 풍경을 사진에 담아볼 것을 개인 과제로 내주었고, 그 사진과 관련해 덧붙일 생각이나 느낌이 있으면 기록해보라고 했다. 그리고 아주 멀리 나갈 수 없는 그의 행동반경을 고려해서 같은 시간에 같은 사물을 연이어 찍어보고 그 사진 간의 차이점, 즉 마치 틀린 그림을 찾듯 다른 점을 찾아보라고 했다.

그는 매일 아침 하늘, 꽃, 주변 풍경 등을 휴대폰 카메라로 찍어서 단톡방에 올렸다. 같은 하늘이라도 날에 따라 바람에 따라 구름의 모양이 다르고 색깔도 다르다. 어느 날, 그가 이렇게 말했다.

"매일 사진으로 찍고 글로 기록하다 보니 평범하고 똑같다고 생각했던 주변 풍경이 다 다르다는 것이 느껴지네요."

평범해서 의미 없는 일상, 똑같기만 한 하루는 이 세상, 그 어디에도 없다. 단지 우리가 그것을 평범하다고 느끼며 대수롭지 않게 여길 뿐이다. 기록하고 메모하자. 평범했던 일상이 특별하고 다르다는 것을 느낄 수 있고, 관찰할 수 있을 것이다. 메모는 그것을 가능하게 해준다.

대작가의 글도 메모에서 시작된다

얼마 전 유튜브에 올라온 한 영상을 봤다. 김영하 작가의 영상이었다. 유심히 보니 김영하 작가가 왜 그렇게 글을 잘 쓰는지 알 수 있었다. 그는 대단한 메모광이었다.

김영하 작가는 여행지가 정해지면 일단 노트를 한 권 산다고 한다. 예쁜 마스킹테이프를 사서 연도와 여행지를 적고, 비행기 티켓, 각종 입장권, 식당 영수증까지 모두 한 권의 노트에 모아 둔다고 한다. '단권화' 전략이다. 그 노트에는 글로 된 메모만 있는 게 아니다. 잠깐 들른 카페의 풍경을 그림으로 그려보기도 하고, 사진을 찍어서 붙여놓기도 한다. 뿐만 아니라 여행지에서 들은 새소리, 노래 소리, 주변의 풍경을 모두 담는다. 녹음도 하고, 영상 촬영도 마다하지 않는다.

유명 작가는 어느 날 갑자기 영감을 받아서 일필휘지로 글을 쓴다고 오해하는 이들이 적지 않다. 그들에게는 뭔가 특별한 능력이 있다는, 일종의 작가에 대한 환상이다. 하지만 그들의 책이나 인터뷰, 관련 영상을 보면 정말 '치열하게' 메모하고 기록한다는 것을 알 수 있다.

어쩌면 작가란 메모를 해야만 하고, 할 수밖에 없는 숙명을 가진 사람들이다. 소설을 쓰기 위해 소재와 스토리를 만들 때 그들이 기록한 메모는 주인공의 캐릭터를 만드는 중요한 정보가 되기도 하고, 녹음했던 새소리와 영상 촬영은 작품의 배경이 되기도 한다. 그러니 메모와 기록을 멈출 수 없다. 아니 할 수밖에 없다. 인간의 기억력이 가진 한계상 그 모든 것들을 다 세세히 기억할 수는 없으니 말이다. 따라서 작가에게 있어 메모하는 행위는 작품을 쓰기 위한 절박한 몸부림이다.

작가들의 치열한 기록이 담긴 메모는 훗날 큰 자료가 되거나, 그 자체로 좋은 책이 되기도 한다. 미국의 소설가이자 평론가인 수전 손택의 『의식은 육체의 굴레에 묶여』는 1964년부터 1980년까지 그녀가 한 메모와 기록들을 담아낸 책이다. 『전쟁과 평화』

의 작가 레프 톨스토이 역시 메모광이다. 그의 생전 서재를 방문해보면 성경 책 안의 여백에 그가 직접 쓴 메모가 가득하다. 특히 톨스토이는 책의 여백에 연필로 메모하는 것으로 유명한데 그 메모들은 톨스토이의 원고처럼 간주되기도 한다. 이렇듯 작가에게 메모는 글을 쓰기 위한 재료인 동시에 또 하나의 원고다.

나 역시 글을 쓰면서 블로그와 카카오톡 나와의 채팅창, 전용 노트, 휴대폰 사진 등을 활용해 메모한다. 블로그에는 순간순간 들었던 생각이나 보았던 책, 드라마, 영화 이야기를 주로 남기고, 노트에는 독서 기록과 필사를 남긴다. 포털사이트나 신문 검색 중에 얻은 귀한 정보나 글들은 모두 카카오톡 나와의 채팅창에 수시로 링크해둔다. 일주일에 한 번 나와의 채팅창을 열어 그동안 모은 정보 중 꼭 기억해둘 만한 내용이나 문구는 다시 한번 노트에 손으로 메모한다. 이런 작업을 이미 몇 년간 꾸준히 했지만, 여전히 글을 쓰려고 메모장을 뒤지면 그 양이 턱없이 부족하다는 것을 느끼곤 한다.

대작가들도 그토록 치열하게 기록하고 메모하는데 하물며 우리가 메모와 기록을 안 할 이유가 없다. 좋은 글을 쓰려면 지나쳐도 절대 모자라지 않은 것, 바로 메모고 기록이다.

메모로 하는 글쓰기 훈련,
뭐가 다른가?

메모는 글쓰기의 기본이자 필수다. 모르긴 몰라도 아마 메모를 하면 글쓰기 습관을 기를 수 있다는 말에 도전해본 적 있을 것이다. 하지만 잠시 바짝 하다가 글쓰기 과정이 끝나면 도로 아미타불이 되는 경우가 많다. 반대로 매일 열심히 메모는 하고 있지만, 글쓰기까지 연결되지 못하는 경우도 많다.

그 이유는 무엇일까? 여기에 맹점이 하나 있기 때문이다. 글쓰기 책과 작가들은 '매일 쓰기'를 무척 강조한다. 매일 써야 글을 잘 쓸 수 있다고 말한다. 하지만 무엇을, 어떻게 써야 하는지는 구체적으로 알려주지 않는다. 그저 매일 쓰라고만 한다.

매일 쓴다고 해서 모두 글이 되는 것은 아니다. 일기를 아주 오랫동안 써온 사람이라도 한 편의 글을 제대로 못 쓰는 경우도 허다하다. 매일 운동이나 식단을 메모하는 사람도 있지만 그것을 글이라고 하기는 어렵다.

매일 쓰니 글이 늘 거라고 착각하게 하는 것 중에 하나가 감사일기다. 감사일기는 그날 하루 있었던 일 중에서 감사할 만한 일을 매일 기록하는 것이다. 자기계발서에 나온 지침 중 하나인 모양인데 실행하는 사람이 많다. 감사일기를 폄하할 생각은 없다. 감사일기가 삶을 변화로 이끄는 긍정적인 수단인 건 인정한다. 다만 글쓰기 훈련 면에서는 감사일기의 폐해가 만만치 않다.

한 블로그 이웃이 댓글로 고민을 털어놓으며 조언을 요청한 적이 있다.

> "일기를 매일 쓰는 데 글이 전혀 늘지 않네요. 게다가 감사일기를 쓰는 모임에 들어가고부터는 글쓰기가 부담스러워졌어요. 다른 사람들은 매일 소소한 일상에서 감사를 느끼고 거기서 행복을 느끼는데 저는 감사할 일상도 딱히 없는 것 같거든요. 억지로 감사할 걸 찾아 감사일기를 쓰다 보니 이제는 뭔가를 쓰는 게 싫어져서 글쓰기를 아예 안 하고 있어요. '매일 글쓰기'를 습관으로 만들고 싶은데 어떤 것을 써야 글쓰기에 도움이 되는지

조언을 좀 해주세요."

충분히 공감되는 고민이다. 글쓰기 습관을 기르기 위해 제일 많이 하는 것 중에 하나가 일기 쓰기다. 일기는 학교에서 배운 유일한 글쓰기다. 하루에 있었던 일상과 생각을 기록하는 글이 일기지만, 일기를 쓰다 보면 자신에 대한 자책과 반성, 자괴감에 빠져드는 경우가 많다. 일기는 읽힐 목적으로 쓰는 것이 아니기 때문에 하소연이나 푸념으로 가기도 쉽다. 좋았던 일보다는 슬프고 기분 나쁘고 불쾌한 감정을 쏟아내는 내용을 쓰게 된다. 특히 밤에 쓰는 읽기는 그야말로 '최악'이다. 만약 일기 쓰기로 글 쓰는 습관을 키우고자 한다면 아침이나 새벽에 쓸 것을 권한다. 아침일기는 하루를 계획하고 앞으로 일어날 날에 대한 기대감이 가득 찬 글이 될 수 있기 때문이다. 하지만 아침일기 역시 글쓰기 습관을 키우기에는 완벽하지 못하다. 아침 시간이 가진 속성상 계획이나 목표지향적인 글로 일관되기 쉽다. 주제 역시 다양하지 못해 매번 하루의 계획만 세우다가 끝나고 마는 경우가 많다.

다시 감사일기 이야기로 돌아가보자. 결론부터 말하자면 감사일기는 정말 쓰고 싶다면 주 1회만 썼으면 한다. 일상에서 일어난 소소한 일에 의미를 부여하고 긍정적으로 바라보는 것은 좋지만 감사하지 않는 부분까지 억지로 찾아내 애써 감사할 필요는 없다. 오히려 그런 억지 감사일기는 글쓰기에 방해가 된다. 더불어 한 가지 주제로만 너무 오랫동안 글을 쓰면 글쓰기에 도움이 전혀 되지 않는다. 단순한 기록을 목적으로 하는 식단일기나 운동일지라도 오히려 그날의 식단과 운동에 자신만의 생각을 정리해 덧붙이면 좋은 글쓰기로 나아갈 수 있다.

글이 되는 메모는 일기가 아니다. 내 느낌과 생각을 쓰되 다양한 매체(사진, 영화, 드라마 등)와 책을 활용해서 자기 생각을 표현하는 것이다. 메모를 하면서 자신에 대해 꾸준히 탐색하고 성찰하면 글쓰기에 자신감이 생긴다.

3장에서 함께해볼 30일간의 메모는 자기만의 생각을 정리하는 글쓰기 훈련법이다. 때로는 짧은 단상이 될 수도 있고, 때로는 한순간의 기록이 될 수도 있다. 그렇게 자신만의 생각을 다양한 방법으로 정리하다 보면 자기만의 철학과 자기 인식이 생기기 마련이다. 자기만의 철학과 가치관이 생기니 무엇보다 내가 누구인지, 나라는 사람은 어떤 사람인지 정확하게 알게 된다. 30일만 충실히 따라온다면 글쓰기 습관을 형성하고 더불어 자신만의 이야기를 만들어가는 데에도 큰 효과를 볼 수 있다.

3장

글 근육을 키우는 메모 글쓰기 30일 프로그램

준비 단계

이제 슬슬 메모해볼까

글이 되는 메모에 대해 충분히 알아봤으니 이제부터 이 책의 핵심이라 할 수 있는 '30일 메모 글쓰기' 훈련에 들어가보자. 메모하기를 본격적으로 시작하기 전에 몇 가지 준비할 것이 있다. 30일이라는 짧지 않은 시간 동안 메모하기를 지속하려면 일단 매일 시간을 낼 수 있어야 한다. 메모하기를 도와줄 장비도 필요하다. 마음의 각오를 다지기 위해 자기 자신과 서약서를 쓰는 것도 도움이 된다.
우선 자신이 24시간을 어떻게 사용하고 있는지 파악하고 그 안에서 메모할 수 있는 시간을 찾아내보자. 이른바 나만의 절대시간 찾기다. 이 절대시간은 오로지 나에게 집중할 수 있는 시간이다.

D-2,
나만의 절대시간을 찾아라

어떤 일을 습관으로 만들기 위해서는 같은 시간에, 같은 행동을, 지속적으로, 오래 하는 것만큼 효과적인 것이 없다. 우선 타임 테이블을 만들어 하루 24시간을 펼쳐놓고 내가 해야 할 일들을 시간대별로 적어보자. 그 시간을 뺀 나머지 시간 중 메모에만 집중할 수 있는 시간을 찾아보자.

가끔 "시간 날 때마다 틈틈이 쓰려고 해요"라며 믿기 힘든 말을 하는 사람들이 있다. 인정할 것은 인정하자. '시간 날 때 틈틈이' 우리는 휴대폰을 본다. 그동안 우리가 시간이 없어서 메모를 못 한 게 아니다. 시간은 언제나 많았다. 단지, 메모를 안 했을 뿐이다.

나만의 절대시간은 오전과 오후 각 한 구역씩 찾는 게 좋다. 매일 해야 할 이유보다 못 할 이유가 많기 마련이다. 항상 플랜 B를 마련해서 최악의 순간을 대비하는 것도 안 되는 일을 되게 하는 방법 중 하나다. 절대시간을 여러 개 찾은 사람은 우선순위도 한번 적어보자. 요일마다 다를 수도 있으니 1순위, 2순위 정도로 정해 1순위 시간에 메모하기를 못한 날은 2순위 시간에라도 할 수 있도록 하자. 절대시간은 구역당 10~30분 정도가 적당하다. 절대 30분은 넘기지 말자.

이렇게 플랜 B까지 정해놓아도 수많은 돌발상황이 우리의 메모하기를 방해한다. 아이가 아파서, 야근을 해야 해서, 날씨가 안 좋아서 등 글을 못 쓸, 아니 안 쓸 이유는 너무나 많다. 하지만 이번 30일간만은 나만의 절대시간에는 무조건 한 줄이라도 쓴다는 마음으로 실천해보자. 단 한 줄도 괜찮다. 처음부터 너무 무리하지 말자.

나만의 절대시간을 찾았다면 그 시간에 꼭 알람을 맞춰두길 바란다. 빙상선수 이상화는 국가대표 선수 시절 하루 여덟아홉 개의 알람을 맞춰두고 매일 개인 훈련을 했다고 한다. 이상화 선수처럼 여덟아홉 개는 무리지만 한두 개는 충분히 가능하다. 기왕이면 좋아하는 가수의 노래를 알람으로 맞춰두자. 평범하고 누구나 쓰는 알람이 아닌 내가 제일 좋아하는 가수의 노래라면 기분이 좋아져 안 써지던 메모도 술술 쓰게 될지도 모른다.

알람을 맞춰두면 바쁜 일상 속에 깜빡 잊어버릴 수 있는 메모 시간을 상기할 수 있다. 만약 육아를 하는 주부라면 아이들과 함께 '30일 메모 글쓰기'를 해볼 것을 권한다. 절대시간도 함께 찾아보고, 알람 설정도 같이해보자. 알람이 울리면 온 가족이 뭔가 쓰는 풍경, 생각만 해도 기분 좋지 않은가. 아직 글쓰기에 서툰 아이들의 경우는 그림이나 따라 쓰기를 시켜보는 방법도 매우 좋다. 독서와 글쓰기 습관은 부모가 아이에게 물려줄 수 있는 최고의 유산이다.

다음에 나오는 표는 '글이 되는 30일 메모 학교' 참가자가 실제로 작성했던 절대시간 찾기 표다. 이를 참고하여 각자 자기만의 절대시간을 찾아보자.

참가자 예시

시간	내가 해야만 하는 일	나만의 절대시간 체크
5:30 ~ 6:00	기상	기상 후 10~30분
6:00 ~ 9:30	아침 준비, 등교/등원 준비, 청소, 빨래 및 집안일	
10:00 ~ 13:30	운동, 공부, 병원 가기	
13:30 ~ 14:00	점심 식사	
14:00 ~ 14:30		점심 식사 후 10~30분
14:30 ~ 20:30	하원, 저녁 준비, 취침 준비, 책 읽어주기 후 취침	

(박**님)

나만의 절대시간 찾기 표

시간		내가 해야만 하는 일	나만의 절대시간 체크
오전	4시		
	5시		
	6시		
	7시		
	8시		
	9시		
	10시		
	11시		
	12시		
오후	1시		
	2시		
	3시		
	4시		
	5시		
	6시		
	7시		
	8시		
	9시		
	10시		
	11시		
	12시		
오전	1시		
	2시		
	3시		

*분 단위까지 정확하게 적을 것

D-1,
메모도 장비빨(?)이다

하루 한번, 메모에 집중할 수 있는 절대시간을 찾았다면 이제는 장비를 사러 가보자. 몸에 익히기 어려운 것일수록 '장비빨'이 중요하다. 운동이 그렇고, 악기 연주가 그렇다. 자전거를 잘 타려면 좋은 바퀴와 안장이 달린 자전거가 필수고, 바이올린을 잘 연주하려면 소리가 좋은 바이올린이 필요하다.

메모 역시 익숙해지기 쉽지 않은 습관이다. 손글씨로 메모를 하는 분들은 기왕이면 예쁜 수첩과 잘 써지는 펜을 구비할 것을 당부하고 싶다. 이유는 간단하다. 글쓰기 습관도 어려운데 펜마저 잘 써지지 않으면 쓰고 싶은 마음이 방해받을 수 있다. 조금만 힘을 줘도 술술 잘 써지는 좋은 펜을 마련해보자. 요즘에는 자신의 이름이나 이니셜을 새길 수 있는 펜도 많다. 기왕 시작하는 것 조금 욕심을 부려보자. 잘 써지는 펜이나 연필이 주는 글쓰기 자극도 심심치 않은 유희거리가 될 수 있고, 메모하기에 새로운 자극이 되기도 한다.

온라인을 이용해서 메모한다면 이것마저도 필요 없다. 휴대폰의 메모장이나 카카오톡, 블로그를 이용하면 10원도 들지 않고 메모 습관을 만들 수 있다. 너무 악필이라 자신의 글씨를 보는 것만으로도 괴로운 사람이 아니라면 온라인과 오프라인(손글씨) 메모를 병행하기를 권한다.

자신과의 약속,
서약서 쓰기

자, 이제 두 가지 준비를 마쳤으면 나만의 서약서를 써보자. 오늘의 각오와 다짐을 남겨보는 것도 나쁘지 않은 방법이다. 잘 쓸 수만 있다면 뭐든 해두면 좋지 않을까. 손발이 조금 오그라들겠지만 그래도 한번 써보자. 30일 동안 메모하다가 지치거나 하기 싫어질 때 이 서약서를 보면 더 잘 쓰고 싶은 마음이 용솟음칠지도 모른다.

서약서

나는 30일간 성실하게 메모를 하면서

나 자신을 살펴보는 시간을 가지며

글쓰기 연습을 할 것을

굳게 맹세합니다.

날짜 ________ 년 _____ 월 _____ 일

서명 ______________________________

'30일 메모 글쓰기' 활용법

'30일 메모 글쓰기'는 메모하는 태도와 자세, 메모할 주제나 소재에 따라 다양한 미션으로 구성했다. 매일 꾸준히 하되 주 1회 혹은 열흘에 한 번씩은 자체적으로 쉬는 날을 정하기 바란다. 이는 각자의 라이프 스타일에 따라 다르기 때문에 계획표에 쉬는 날을 표시하지는 않았다.

메모의 소재나 주제, 영감은 어디서든 얻을 수 있다. 때로는 머리를 식히기 위해 목욕탕 사우나를 찾았다가 동네 아주머니들이 나누는 대화 속에서 메모할 거리가 생겨날 수도 있고, 동네 카페에서 마시는 커피 한잔에서도 영감을 얻을 수 있다. 많이 돌아

다니고, 많이 경험해보고, 많이 느껴라. 영화나 드라마, 미술 전시회, 음악회, 친구와의 수다, 독서 모임 등을 접하면서 글쓰기에 새로운 아이디어를 얻기 바란다.

특히 평소 자주 하지 않던 것들을 시도하며 경험을 쌓아보기를 권한다. 그런 과정에서 새로운 생각을 하게 되고 다양한 이야깃거리도 나온다. 매번 만나는 사람, 자주 가는 공간이 아닌 낯선 사람과 다양한 공간이 만들어주는 긴장감은 글쓰기의 새로운 자극제다.

낯선 것을 싫어하는 사람이라면 일주일에 하루는 쉬면서 자신이 쓴 메모를 다시 한번 살펴보면 좋겠다. 메모하기에 급급해 놓친 부분은 없는지 읽어보자. 자꾸 들춰보고 꺼내봐야 글이 는다. 가장 맘에 들거나 자신이 생각해도 잘 썼다고 생각하는 메모는 옆에 그 이유를 다른 색 펜으로 써보기를 권한다. '오래 봐야' 잘 써지고, '자주 봐야' 더 잘 쓰게 된다.

어차피 글쓰기는 평생 해야 할 일이다. 오늘 하루 쓰고, 다음 달 30일간 썼다고 해서 끝나는 일이 아니다. 자주 쓰고, 오래 쓰고, 다양한 곳에서 글감을 얻고 기록해야 글쓰기를 계속할 수 있는 원동력을 얻을 수 있다. 그러기 위해서 과감하게 일주일에 한 번은 쓰지 말고 쉬자. 그래도 된다.

30일 메모 글쓰기 일정표

1단계. 잠들어 있던 글쓰기 근육 깨우기						
1일 차	2일 차	3일 차	4일 차	5일 차	6일 차	7일 차
나는 왜 쓰고 싶은가	오감 열기 메모	한 가지 감각에 집중해서 메모하기	의식의 흐름대로 쓰는 10분 몰입 메모	내 일상을 시간 순으로 메모하기	글쓰기를 위한 독서 메모 1	내 심장을 강타한 문장 수집

2단계. 첫 문장의 두려움 극복하기						
8일 차	9일 차	10일 차	11일 차	12일 차	13일 차	14일 차
시를 이용해 첫 문장 쓰기	소설을 이용해 첫 문장 쓰기	에세이를 이용해 첫 문장 쓰기	드라마를 이용해 첫 문장 쓰기	비문학을 이용해 첫 문장 쓰기	글쓰기를 위한 독서 메모 2	중간 점검

3단계. 다른 매체를 활용해 메모 습관 굳히기						
15일 차	16일 차	17일 차	18일 차	19일 차	20일 차	21일 차
인물사진을 이용한 메모	풍경사진을 이용한 메모	사전을 이용한 생각정리 메모 1	사전을 이용한 생각정리 메모 2	사전적 의미를 활용한 첫 문장 쓰기	글쓰기를 위한 독서 메모 3	음악이나 그림 감상하고 메모하기

4단계. 나만의 언어 찾기						
22일 차	23일 차	24일 차	25일 차	26일 차	27일 차	28일 차
나를 표현하는 말들	나의 장점 쓰기	최근 가장 행복했던 어떤 날	좋아하는 음식 소개하기	인생에서 가장 기억에 남는 친구	글쓰기를 위한 독서 메모 4	내가 가장 좋아하는 공간
29일 차	30일 차	※빈칸에는 실행 여부를 표시해보자.				
내 생애 가장 기억에 남는 여행	30일간의 메모 셀프 체크					

1단계

잠들어 있던 글쓰기 근육 깨우기

(1일 차 ~ 7일 차)

자, 이제부터 본격적으로 '30일 메모 글쓰기'를 시작해보겠다. 1단계는 죽었다고 생각했던 '글쓰기 근육'을 다시 깨우는 단계이다. 글쓰기는 흔히 운동에 많이 비유된다. 둘 다 매일 해야 하고, 꾸준히 해야 어느 정도의 '효과'를 누릴 수 있기 때문이다.
근육량이 많아지면 기초대사량이 증가하여 운동을 안 하고 있는 휴식상태에도 칼로리가 소모되고, 지방의 사용량도 늘어난다. 같은 양의 식사를 해도 근육량이 많은 사람이 그렇지 않은 사람보다 살이 덜 찌는 이유이기도 하다.
글쓰기 역시 마찬가지다.
글쓰기 근육을 튼튼히 만들어놓은 사람은 글쓰기가 습관으로 잘 형성되고 나아가 슬럼프에도 잘 빠지지 않는다. 설사 슬럼프에 빠지더라도 그 위기를 더 쉽게 극복할 수 있다. 그래서 '30일 메모 글쓰기'에서는 1단계인 잠들어 있던 글쓰기 근육 깨우기가 그 어떤 단계보다 중요하다.
글쓰기 근육을 만들기 위해 우선은 '나는 왜 글을

쓰고 싶은지'에 대한 질문에 스스로 답을 해봐야 한다. 또 매일 다양한 정보가 유입되는 오감(시각, 청각, 후각, 미각, 촉각)이 잘 작동되고 있는지도 여러 방면으로 체크해야 한다. 모든 글감의 원천인 나의 일상을 꼼꼼하게 시간을 들여 기록하고 메모로 남기면서 내 안의 이야기를 밖으로 드러내는 연습을 할 것이다. 더불어 매일 하루 10분 이상 오로지 글쓰기에만 집중하는 시간을 만들어 글쓰기를 방해하는 외부요인으로부터 나 자신을 의도적으로 차단하는 '하루 10분 몰입 글쓰기' 연습도 할 것이다. 일련의 과정은 글쓰기의 기초단계인 튼튼한 근육을 만들기 위한 방법이다. 자, 그럼 지금부터 천천히 시작해보자.

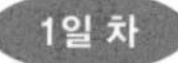

나는 왜 쓰고 싶은가

매년 새해 다짐에서 빠지지 않고 등장하는 목표 중 하나가 글쓰기다. 글쓰기가 중요하다는 것은 다들 잘 안다. 하지만 어디서부터 어떻게 시작해야 할지 막막하다. 당연하다. 엄밀히 말하면 우리는 학교에서 글쓰기를 체계적으로 배워본 적이 없다. 배워본 적이 없으니 잘하지 못하는 게 당연하다.

오늘부터 우리는 30일간 다양한 주제와 소재를 가지고 여러 형태로 메모해보는 훈련을 할 것이다. 30일간 매일 짧은 메모를 남기는 일은 사람에 따라 쉬울 수도 있고, 어려울 수도 있다. 누군가에게는 오래전부터 해오던 일상처럼 부담 없는 일일 것이고,

누군가에게는 이번 생에 처음 해보는 도전일 수도 있다.

정말로 글쓰기 습관을 내 것으로 만들고 싶다면 포기하지 말고 혼자 힘으로 30일의 훈련 과정을 해내야 한다.

어떤 이유와 목적으로 글쓰기에 도전하고 싶은지 첫날, 첫 메모에 그 마음을 담아보자. 이 첫날의 메모가 아마 앞으로 30일간 메모하기 싫을 때, 메모하기 귀찮을 때, 메모로 쓸 것이 없을 때, 우리의 마음을 다잡아주고 쓸 거리를 찾아주고 누웠던 몸을 일으키게 하는 힘이 될지도 모른다.

오늘은 '30일 메모 글쓰기' 1일 차다. 첫 메모는 '나는 왜 쓰고 싶은가'에 대해 자신만의 생각을 적어보는 걸로 시작한다.

첫 문장은 '나는 왜 쓰고 싶은가?'이다. 이 문장을 첫 문장으로 내가 왜 글을 쓰고 싶고, 글쓰기는 나에게 어떤 의미인지, 글쓰기가 나에게 주었던 좋았던 경험이 있는지, 있다면 어떤 경험이었는지 써보자. 유시민 작가는 『어떻게 살 것인가』에서 글쓰기의 의미와 경험을 이렇게 표현했다.

> "어쨌든 나는 글쓰기가 좋다. 그것은 무엇보다 그 일 자체가 주는 기쁨과 만족감 때문이다. 무엇이든 쓰려면 다른 사람이 쓴 글을 읽고, 내 머리로 생각하고, 스스로 느껴야 한다.

쓰는 일은 비우는 동시에 채우는 작업이다. 배움과 깨달음이 따라온다. 가지고 있던 생각이 틀렸다는 것을 깨닫거나 모르고 있던 것을 새로 알게 되었을 때, 좋은 문장 하나를 쓰고 혼자 감탄하면서 싱글벙글할 때, 나의 뇌에서는 도파민이나 세로토닌이 대량 분비되는 것 같다. 그것들은 사랑에 빠지거나 마약을 복용할 때 황홀감을 느끼게 하는 화학물질이다."

_『어떻게 살 것인가』 유시민 지음, 생각의 길, 236~237쪽

이런 식으로 글쓰기에 대한 자기 생각을 정리하여 메모해보자.

1일 차 미션

1. 나는 글을 왜 쓰고 싶은지 이유를 짧게 생각한다.
2. 글을 쓰면서 느꼈던 좋았던 감정과 상황이 있는지 떠올려보자.
3. 내가 좋아하는 글감이나 소재, 주제는 무엇인지 생각해본다.
   (남의 글 중 어떤 글을 읽으면서 좋았는지 살펴보는 것도 하나의 방법이다.)
4. 어떤 종류의 글을 쓰고 싶은지도 써본다.
5. 쓰고 싶은 글의 소제목이 있다면 그것 역시 살짝 적어본다.

참가자 예시

나는 왜 쓰고 싶은가?

작년에 임신과 출산으로 인해 회사를 그만두었다. 내 자의로 그만두는 것과 어쩔 수 없이 그만두는 건 엄청난 차이가 있었다. 하루에 해야 할 일 중에 대부분을 누군가가 가져간 기분이었다. 이상하고도 휑하다.

집에 있으면서 책을 읽고 영화나 미드를 보며 대부분의 시간을 보냈다. 처음엔 새로운 이 생활을 견디기가 힘들었다. 따분하기도 하고 타의로 쉬고 있는 기분이랄까.

일하는 사람이었던 내가, 일을 하지 않으니 존재가 흔들리는 기분이었다. 좋게 받아들일 수도 있지만, 이상하게 그땐 그랬다. 회사 다닐 땐, 일 그만하고 싶어서 퇴사하면 뭘 할까 상상만 해도 즐거웠는데 사람 마음이 이렇게나 간사하다.

내가 글을 쓰고 싶은 이유는 내 존재를 보여주고 싶어서다.

나 여기 있다고, 알리고 싶어서. 나를 보여주고 싶어서. 표현하고 싶어서. (백**님)

1일 차 나는 왜 쓰고 싶은가

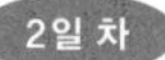

오감 열기 메모

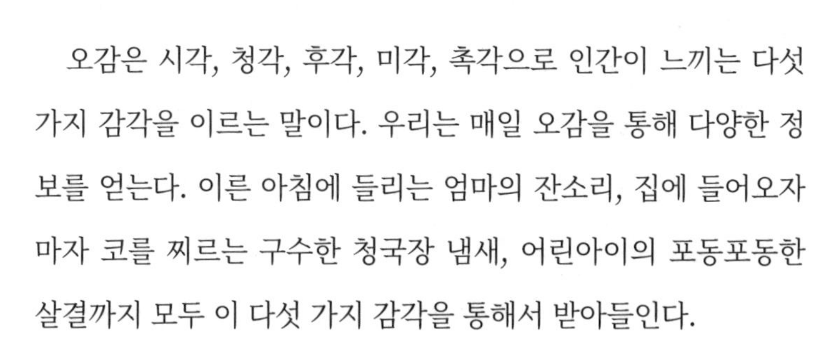

오감은 시각, 청각, 후각, 미각, 촉각으로 인간이 느끼는 다섯 가지 감각을 이르는 말이다. 우리는 매일 오감을 통해 다양한 정보를 얻는다. 이른 아침에 들리는 엄마의 잔소리, 집에 들어오자마자 코를 찌르는 구수한 청국장 냄새, 어린아이의 포동포동한 살결까지 모두 이 다섯 가지 감각을 통해서 받아들인다.

글을 잘 쓰는 방법에 관해서 묻는 이들에게 내가 전해주는 방법 중 하나가 오감 글쓰기다. 우리는 의외로 자신에게 편하고 익숙한 감각기관만을 통해서 정보는 취하는 습성이 있다. 낯설고 불편한 것보다 편하고 익숙한 것을 찾는 인간의 본성 때문이다.

하지만 한두 가지의 감각기관에만 의존해서 글을 쓰다 보면 글의 맛이 살지 않고, 내 생각을 생동감 있게 전하기 어렵다.

좋은 글은 잘 읽히는 글이다. 아무리 좋은 메시지, 세상에 없는 강력한 생각을 담아낸 글이라도 잘 읽히지 않으면 소용 없다. 잘 읽히기 위해서는 '잘 읽히도록' 써야 한다.

시나 소설 같은 문학은 다양한 해석을 낳을 수 있는 글이 좋을 수 있다. 하지만 자기 생각과 느낌을 담아낸 글에서 쓴 사람의 의도나 메시지를 파악할 수 없다면 모호하고 피곤한 글이 되고 만다. 읽는 이가 잘 읽을 수 있도록 쓴 글이 좋은 글이다.

오감을 동원한 생동감 있는 글은 잘 읽힐 뿐만 아니라 글쓴이가 전하려는 생각과 내용도 보다 잘 전달된다. 다양한 감각이 녹아든 글에서 사람들은 지루함 대신 생동감을 느낀다. 하지만 애석하게도 우리는 성장하면서 자신에게 편하고 익숙한 한두 가지 감각기관만으로 정보를 얻는다. 다섯 가지 감각기관이 꿈틀거리면서 몸속에 살아 있는데도 말이다.

자, 이제부터는 모든 감각기관을 총동원해서 살아 있는 글을 써보자. 우선 내 몸 안에 어떤 감각기관이 잘 작동하고, 어떤 감각기관이 잠시 쉬고 있는지 파악하는 것부터 시작해보겠다.

먼저 오늘 하루 있었던 일을 아침부터 지금까지 떠올려보면서 오감을 통해 들어온 정보를 나열해보자. 들었던 소리, 맛보았던 음식, 만지고 느껴졌던 감촉, 코를 찌르던 냄새, 보았던 것들을 하나씩 써내려가 보자. 그렇게 써보면 나의 오감 중 어떤 부분이 잘 작동하지 않고 있는지 내가 어떤 부분의 감각기관을 주로 사용하는지 알 수 있다.

2일 차 미션

1. 하루 일과를 본 것(시각), 들은 것(청각), 냄새 맡은 것(후각), 먹었던 것(미각), 피부로 느꼈던 감촉(촉각)에 최대한 의지해서 기록해본다. (가능하면 각 감각기관별로 세 개 이상 써본다.)

2. 자신이 어떤 감각기관을 통해서 자주 정보를 얻고 느끼는지 살펴본다. (위의 방법이 어색하다면 미리 오감을 써놓고 거기에 맞춰서 써도 된다. 잘 써지지 않거나 쓴 개수가 적은 감각기관이 내가 정보를 수집하는 데 익숙하지 않은 감각기관이다.)

참가자 예시

감각기관	1	2	3
시각	잘 익은 토마토, 초록이 가득한 샐러드	원두커피 머신	아침일기
청각	기상 알람	운동 알람	퇴근길에 들은 음악소리 (아이돌 노래인데 가수가 누군지 모르겠음)
후각	갈비집에서 나는 고기 굽는 냄새	커피 향기	세탁물에서 나는 세제 냄새
미각	매콤한 냉면	시큼한 식초	질겼던 면발
촉각	온수매트의 따뜻함	아이의 따뜻한 손	(생각 안 남)

(류**님)

2일 차 오감 열기 메모

감각기관	1	2	3
시각			
청각			
후각			
미각			
촉각			

3일 차

한 가지 감각에 집중해서 메모하기

오감에 집중해서 자신에게 들어온 정보를 적어보니 어땠는가? 생각보다 쉽지 않았겠지만 메모하면서 잘 사용하는 감각기관은 어떤 것이고, 익숙하지 않은 감각기관은 어떤 것인지 확실하게 알게 되었을 것이다. 3일 차에는 오감 중 한 가지 감각기관에 집중해서 그것만으로 얻은 정보를 메모해보자.

예를 들어 청각 즉, 내 귀를 통해 들리는 것에 의존해서 하루를 메모해본다. 출근길에 들었던 지하철 들어오는 소리, 조용한 사무실에 울리는 '카톡 왔숑' 소리, 점심시간 동료들과의 잡담 등 한 가지 감각기관에 집중해서 메모해본다. 이때 될 수 있으면 잘 안 쓰거나 익숙하지 않은 감각기관을 동원해서 메모하면 더 좋다. 아래의 예시는 청각에 집중한 오감 열기 메모다.

3일 차 미션

1. 오늘은 다섯 가지 감각 중 '청각'에 집중한다.
2. 한 가지 상황을 떠올려보고 거기서 들리는 소리, 즉 청각에 집중해서 글을 써본다.
3. 들렸던 소리에만 집중해서 쓰지 말고, 앞뒤 상황도 함께 떠올리면서 그때 느낀 감정이나 생각도 쓴다.

※tip 청각 외에 시각, 후각, 미각, 촉각 등 다른 감각에 집중해서 메모해보는 것도 권한다.

참가자 예시

눈을 감은 채 두 손을 머리 위로 올려 기지개를 켜고 싶은데, 물에 반쯤 잠긴 솜처럼 팔다리가 무거워 들리지 않는다. '으' 소리를 내며 억지로 기지개를 켜니 여기저기서 '우득우득' 관절들이 인사한다.

이제 눈을 떠볼까. 역시나 눈도 뻑뻑하다. 하나 둘 셋 반동을 주어 침대에서 몸을 일으켰다.

주방 선반 문을 열고 일회용 인공눈물을 하나 꺼내 오른쪽 왼쪽 차례로 넣는다. 똑똑 떨어뜨릴 때마다 세상 시원하다.

'드르렁드르렁' 남편의 코 고는 소리는 새벽보다는 훨씬 잦아든 작은 소리로 이 방 저 방을 채우고 늘 그렇듯 아침 준비 BGM으로 깔린다.

"얼른 일어나야지!" 엎드려 누워 있는 딸애 등짝을 찰싹!

"엄마, 나 아침 못 먹어." 눈 못 뜨기는 얘도 마찬가지다.

"그럼 바나나라도 먹고 갈래?"

"응. 응."

아침이면 열댓 번씩 나를 부르는 소리에 답하고 빨리 감기 화면처럼 정신없이 시간이 흐르면 남편의 출근을 알리는 현관문 닫히는 소리. 온전히 혼자인 순간 갑자기 기분이 좋아지고 슬금슬금 웃음이 배어 나온다.

그들의 아침이 드디어 끝났다. 이제 나의 아침이 시작된다. 그런데 갑자기 눈이 감기고 졸리기 시작한다. 이제 아무도 없는데…. 스르르 눈이 감기는 순간, 스마트폰 벨소리가 들린다. 잠이 후딱 달아나고 발신자를 확인한다. 계속 벨은 울리고 왠지 불길하다. 이 전화 안 받고 싶다.

(최**님)

3일 차 한 가지 감각에 집중해서 메모하기

4일 차

의식의 흐름대로 쓰는 10분 몰입 메모

잠자고 있던 글쓰기 근육을 깨우기 위해 '한동안' 잘 쓰지 않았던 오감을 자극해 글을 써보았다. 이제 다양한 감각기관을 통해 들어오는 정보를 받아들일 준비가 되었을 것이다.

4일 차에는 살아난 감각기관으로 들어오는 다양한 생각과 감정을 그냥 있는 그대로 남겨보자. 이름하여 '10분 몰입 메모'다. 이때 가장 중요한 것은 그냥 '의식의 흐름'대로 써야 한다는 것이다.

글쓰기 기법의 하나인 '의식의 흐름'은 미국 심리학자 윌리엄 제임스가 사람의 정신 속에서는 생각과 의식이 끊어지지 않고 연속된다는 것을 말하면서 처음 쓴 말이다. 현대 소설, 특히 심리주의 소설의 창작기법인 '의식의 흐름'은 소설 속 인물의 파편적이고 무질서하며 잡다한 의식세계를 자유로운 연상 작용을 통해 가감 없이 그려내는 방법을 말한다.

유명 작가들이 글을 쓸 때 어떤 글감이 떠오르면 처음부터 끝까지 단숨에 쭉, 이른바 '의식의 흐름'대로 쓰는 줄 아는 사람들이 의외로 많다. 아예 없진 않겠지만 과연 그렇게 쓸 수 있는 작가가 얼마나 될까. 내 생각엔 거의 없을 것 같다.

문학 용어를 떠나 말 그대로 '의식의 흐름'은 자신의 머릿속에 떠오르는 생각의 흐름을 말한다. 우리는 짧은 하루 동안에도 수많은 생각을 하면서 산다. 때로는 궤변이라고 여겨질 만큼 말도 안 되는 엉뚱한 이야기가 떠오를 때도 있고, 때로는 자신이 생각해도 기특할 정도로 번뜩이는 아이디어가 떠오를 때도 있다. 이런 생각을 판단하거나 평가하지 말고 그냥 막 적어보자. 순간순간의 생각을 부여잡고 하나하나 기록하다 보면 내 감정의 흐름, 내 생각의 흐름을 어디까지 표현할 수 있고 무슨 이야기를 하고 싶은지가 보인다. 이때 알람을 해놓는 센스가 필요하다. 매 순간 드는 생각을 바로바로 적는 것이 가장 좋지만 현실적으로 그것은 매우 어려운 일이다. 일정한 시간을 정해 알람을 맞춰두고 그 순간에 드는 생각을 그야말로 '의식의 흐름'대로 적어보자.

의식의 흐름에 따라 하루 10분 몰입해서 메모하기는 본격적인 글쓰기 연습을 위한 가장 기초적인 훈련법 중 하나다. 자신의 감정과 생각을 어디까지 토해낼 수 있는지 점검하고, 매일 일정 시간 글쓰기에 집중하는 방법을 연습하기에 매우 유용하다.

어법에 맞지 않아도, 논리에 어긋나도 괜찮다. 제한된 시간에 일부러 글을 쓰는 경험을 통해 글쓰기를 몸으로 익히기 위한 훈련이니 형식이나 내용에 얽매이지 말고 자주 해보길 권한다.

4일 차 미션

1. 준비 단계에서 체크했던 나만의 절대시간에 알람을 맞춰둔다.
2. 알람이 울리면 타이머를 10분으로 맞춰두고 끝날 때까지 집중해서 의식의 흐름대로 메모한다.
3. 떠오르는 단상도 좋고, 그 순간 하고 있던 생각도 좋다. 어떤 특정한 날의 기억도 좋다. 무조건, 10분간, 꼼짝하지 않고 쓰는 것이 포인트다.

참가자 예시

내가 좋아하는 시간대에 좋아하는 장소에서 좋아하는 사람들과 일을 하고 있는 지금 이 순간!

일부러 맞추려고 한 것은 아닌데, 어쩌다 보니 현장 관리 업무가 길어져 해가 저물어가는 시간대를 딱 마주했다. 유리창 너머로 보이는 파란 하늘과 바닥 대리석에 비친 하늘은 내가 좋아하는 공항의 장면 중 하나이다. 이 장면을 보면 자연스럽게 사진을 찍고 있는 나를 발견할 수 있다.

오늘은 내가 좋아하는 시공사 담당자분들과 함께 일을 하는 날이다.

해가 바뀌고 오늘 처음 만나서인지 더욱 반가운 마음에 만나자마자 근황 토크가 줄을 이었다. 이분들과 함께 있으면 대화는 물론 일을 할 때 더 즐겁고 열심히 하게 된다.

서로 좋은 영향을 주고받고 있음에 감사한 마음이 크다. 시간, 장소, 사람들, 이 삼박자가 완벽하게 어우러졌던 오늘 이 순간을 기록하며 오래 기억하고 싶다. (고 **님)

4일 차 의식의 흐름대로 쓰는 10분 몰입 메모

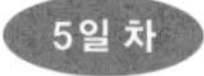

내 일상을 시간 순으로 메모하기

'30일 메모 글쓰기' 4일 차 미션으로 10분간 집중해서 메모해보았다. 글쓰기에 굉장히 오랜 시간이 소요될 거라고들 생각하지만 실제로 해보면 10분으로도 충분히 자기 생각과 느낌을 정리하고 쏟아낼 수 있다. 이렇게 강제로 나의 일상을 자꾸만 글쓰기로 채워나가다 보면 글쓰기가 취미가 아닌 '습관'이 되는 것은 시간문제다.

막연하게 생각만 했던 것들을 글로 옮기면 흩어지고 뒤죽박죽 엉켰던 생각이 하나하나 정리된다는 느낌이 든다. 이것이 일단 무조건 적어야 하는 이유이기도 하다.

앞에서 짧은 순간의 생각을 기록했으니 이제는 그 시간을 조금 넓혀보자. 5일 차 미션에선 내 일상을 시간대별로 메모해본다. 내가 하루 종일 무엇을 어떻게 하며 살고 있는지 자각하지 못하는 사람이 의외로 많다. 오늘은 자신의 하루 일상을 순서대로 메모해보면서 나의 하루를 촘촘히 들여다보자.

아침에 일어나서 메모를 할 때까지의 상황을 그대로 글로 옮겨도 좋고, 특정한 날을 떠올리고 그날의 일을 시간대별로 기록해도 좋다. 하루를 시간대별로 적다 보면 그동안 놓쳤던 좋은 글감도 찾게 되고 하루 24시간을 소중히 쓰는 습관도 기를 수 있다. 시간대별로 적은 후 자신의 하루가 어땠는지 느낌을 짧게 남겨본다.

5일 차 미션

1. 오늘 하루 또는 특정한 날의 하루를 정한다. (최근이면 더 좋다.)
2. 그날 아침부터 밤까지의 일정을 시간대별로 자세하게 메모한다.
3. 메모하면서 자신만의 생각과 감정을 정리해본다.

참가자 예시

나의 하루는 각종 뉴스와 함께 시작된다. 5시 반쯤 되면 눈을 뜨는 남편은 옆에서 아직 일어나지 않은 나를 아랑곳하지 않고 TV를 켜거나 태블릿을 켠다. 뉴스가 시작되기 전일 때는 잠시 기상 유튜브를 시청한 후 뉴스를 큰소리로 틀어놓는다. 6시 40분에 울리는 알람 소리와 함께 버티기 한판을 끝내고 일어난다.

나는 격주로 8시 출근, 10시 출근을 한다. 출근해서는 책과 함께 예닐곱 시간을 보낸다. 나는 서점에서 일하고 있다. 하지만 우아하게 책을 읽고 손님들과 수준 높은 대화를 나누는 시간은 절대 없다. 끊임없이 들어오는 책 정리 작업, 왜 할인을 안 해주냐는 손님들의 불평 듣기가 대부분이다. 가끔은 음료수나 빵을 테이블에서 몰래 먹는 사람은 없는지 파파라치까지 겸하고 있다. 그래도 책과 함께 너무나 곱게 나이 드신 노부부나 애교 많은 꼬마 손님들, 병원 안에 이런 공간이 있어 너무 좋다고 고마워하는 분들을 보면 잠시 복잡했던 마음이 눈 녹듯 사라진다. 퇴근 후에는 여느 가정주부처럼 저녁을 준비하고, 먹고, 치우고, 잠시 쉰다. 저녁 일과가 정리되고 나면 책을 잡는다. (남**님)

5일 차 내 일상을 시간 순으로 메모하기

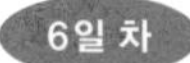

6일 차

글쓰기를 위한 독서 메모 1

'30일 메모 글쓰기' 훈련에는 주 1회 독서 기록 활동이 포함되어 있다. 메모를 하는 궁극적 목표는 글을 잘 쓰는 것이다. 글을 잘 쓰려면 자주, 많이, 깊이 책을 읽어야 한다. 하지만 자주 읽기에는 시간이 부족하고, 많이 읽기에는 일상이 바쁘다. 그렇다고 글쓰기에서 가장 중요한 독서를 빠트릴 수는 없다. 그래서 한 권을 읽더라도 깊이, 제대로 읽을 필요가 있다.

글쓰기에 도움이 되는 깊이 읽기 방법으로 내가 추천하는 방법은 독서를 기록으로 남기는 것이다. 눈으로만 훑어서는 깊이 있는 독서를 하기 어렵다.

책을 읽을 때 이렇게 해보길 권한다. 우선 눈으로 읽은 글을 마음에 새기고, 마음에 새긴 글을 다시 손으로 옮긴다. 마지막으로 손으로 옮긴 문장에 다시 내 생각을 담아낸다. 눈, 마음, 손, 머리를 통해 네 번 곱씹어 읽는 셈인데 이것이야말로 가장 적극적인 독서이자 남는 독서이다.

독서는 글을 쓰는 데 있어서 아무리 강조해도 지나침이 없다. 독서 기록을 할 때엔 다음 사항을 메모해보자.

① 책 제목, 독서 시간, 읽은 분량 (시작 페이지와 끝 페이지)

② 읽은 분량 중에서 가장 인상적인 부분 발췌 (너무 길지 않게 두 문장에서 다섯 문장 정도)

③ 발췌한 부분에 대한 자신의 느낌과 생각

처음부터 자기 생각과 느낌을 적기란 쉽지 않다. 그러니 처음에는 일단 독서 기록 ①번과 ②번만이라도 해보자.

독서 기록은 자신의 독서 패턴과 선호 장르를 파악함으로써 편독을 예방하는 데 도움이 될 뿐만 아니라 분야별, 분량별 읽는 시간을 가늠해보는 중요한 수단이 된다.

예를 들어 칼 세이건의 『코스모스』처럼 600쪽이 넘는 두꺼운 책이나 이해하기 어려운 개론서의 경우 이런 독서 기록을 통해 자신이 읽고 소화하는 데 걸리는 대강의 시간을 체크할 수 있다. 그러니 무리한 독서 계획을 세우지 않게 되어 독서 습관을 키우는 데도 유용하다.

6일 차 미션

1. 책 제목, 독서 시간, 읽은 분량을 정확하게 기록한다.
   (권장 독서 시간은 하루 10~30분이다. 30분을 넘기지 않도록 한다.)
2. 읽은 분량 가운데 가장 인상적인 부분을 발췌한다.
3. 발췌한 부분에 대한 자신의 생각을 쓴다.

참가자 예시

• **책 제목** 『시절일기』 김연수 지음

• **읽은 분량** 153~214쪽

• **독서 시간** 30분

• **인상적인 부분 발췌**

처음 읽기를 시작할 때 원했던 욕망, 즉 지혜를 읽는 일이 충족된 뒤에도 욕구불만은 여전하다. 왜냐하면 지혜의 빛을 쪼이고 나면, 그의 숨은 자아가 전면에 드러나면서 새로운 욕망이 등장하기 때문이다. (182쪽)

• **발췌 부분에 대한 나의 생각**

내 안의 욕구와 물음표를 풀어가기 위해 책을 읽었고, 읽을수록 또 다른 욕망이 나타나 다시 또 책을 부르고 찾는다. 짧은 시간 동안 읽었지만 요즘 내가 어떤 책을 고르고 읽고 싶어 하는지 생각해보게 되었다.

(백**님)

6일 차 글쓰기를 위한 독서 메모 1

• 책 제목
• 읽은 분량
• 독서 시간
• 인상적인 부분 발췌
• 발췌 부분에 대한 나의 생각

7일 차

내 심장을 강타한 문장 수집

일상에서 우리는 좋은 문장을 자주 접한다. 우연히 만난 TV 드라마에서, 친구가 무심히 던진 말 속에서, 서점에서 무심코 집어 든 한 권의 책 속에서 '내 심장을 강타하는 듯한 문장'을 만나곤 한다.

수많은 문장 중에서 유독 그 문장이 내 안에 훅 들어왔다는 것은 그것에 대해 내가 하고 싶은 이야기, 나만의 언어가 있다는 것을 의미한다. 이때 주저하지 말고 휴대폰 카메라로 문장을 찍어두거나 메모장을 활용해 적어두자. 당장 써먹을 곳이 없다고 여기지 말고, 일단 기록하고 저장해두자. 기록해야 기억되고, 기억되어야 쓸 수 있다.

'30일 메모 글쓰기' 7일 차 미션으로 일상에서 보거나 들은 문장 중에서 '내 심장에 오래도록 머물렀던 문장'을 꺼내서 적고, 그 문장에 대한 나의 생각을 적어보자.

7일 차 미션

1. 일상생활이나 책, 영화, 드라마 등에서 수집한 오래도록 기억에 남는 문장을 떠올려본다. 기존에 수집한 문장이 없다면 기억을 더듬어 인터넷에서 검색해본다.
2. 그 문장을 적는다. 이때 그 문장의 출처도 반드시 기록해야 한다.
3. 문장에 대한 추억, 기억, 당시의 상황과 함께 나만의 생각을 메모한다.

참가자 예시

"제가 그어온 책 속 밑줄 중 단 하나라도

당신의 상처에 가닿아 연고처럼 스민다면

그것으로 저는 정말 기쁠 거예요."

_「그냥 흘러넘쳐도 좋아요」 백영옥 지음, 아르테, 9쪽

내가 그어온 책 속 밑줄이 다른 사람의 상처에 가닿아 연고처럼 스며 상처를 아물게 해주길 바라는 마음, 내가 만나온 문장이 내 삶을 밝혀주었듯 다른 사람의 인생에도 가닿아 따뜻한 빛이 되어주길 바라는 마음, 나를 위로하고 단단하게 만드는 데 그치지 않고 내 옆에서 힘들어하는 누군가에게 위로를 건네는 작가의 이런 따뜻한 마음이 내 마음을 자극한다. 그리고 나도 이런 마음가짐과 태도로 따뜻한 글을 써야겠다고 다짐해본다. (고**님)

7일 차 내 심장을 강타한 문장 수집

• 수집한 문장

• 그 문장에 대한 나의 생각

첫 문장의 두려움 극복하기

(8일 차 ~ 14일 차)

글쓰기가 힘들고 어려운 가장 큰 이유를
꼽으라면 대다수는 '첫 문장의 두려움'을 말한다.
글쓰기 수업을 진행하다 보면 첫 문장에 대한
두려움이 단순한 '어려움' 정도가 아니라 '공포'로
다가온다고 말하는 이들도 적지 않다.
컴퓨터 프로그램이 보편화되기 전, 연필이나 볼펜을
이용해 손글씨로 글을 쓰던 시대에는 '첫 문장에 대한
공포감, 두려움'이 존재할 수 있었다. 시작을 잘해야
글이 끝까지 잘 풀리니 말이다. 하지만 지금은 손으로
직접 쓰기보다는 다양한 컴퓨터 프로그램으로 글을
쓰는 시대이다. 얼마든지 지우고 다시 쓸 수 있다.
사실 손으로 쓴 글도 마찬가지이긴 하다. 굳이 어렵고 힘든
'첫 문장'을 먼저 쓰지 않아도 충분히 글을 쓸 수 있다.
첫 문장의 두려움을 없애는 방법은 의외로 간단하다.
첫 문장을 처음부터 쓰지 않으면 된다. 첫 문장에
집착하지 말고 쓰고 싶은 글을 다 쓰고 난 후 그중
첫 문장이 될 만한 걸 골라서 사용해도 된다.
하지만 아무리 첫 문장을 나중에 쓰라고 외쳐도 '인이

박힌' 습관을 고치기란 쉽지 않다. 여전히 첫 문장이 '터지지' 않으면 그다음 문장을 쓰지 못하는 사람이 많다.

'30일 메모 글쓰기' 2단계는 '글쓰기의 두려움을 극복하는 과정'으로 이루어진다. 특히 첫 문장에 대한 두려움을 타파하는 게 목표다. 이를 위해 다른 사람들이 쓴 문장을 첫 문장으로 사용해보려 한다. 이름하여 '남이 써주는 첫 줄'이다.
내가 쓰기 어렵다면 '남이 대신 써주는 첫 줄'로 글을 시작해본다. 시, 소설, 에세이, 비문학 도서, 드라마 등 다양한 장르에서 인상적인 문장을 고르고, 그중 가장 마음에 와 닿은 문장을 내 글의 첫 줄에 쓰자.

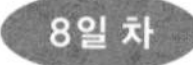

'시'를 이용해 첫 문장 쓰기

첫 문장의 두려움을 극복하기 위해 8일 차 훈련에서는 '시'를 활용해 글을 시작해보자. 마지막으로 시를 읽은 때가 언제인가? 한 편의 시를 언제 읽었는지 기억이 희미한 사람들도 많을 것이다. '시'는 중고등학교 국어 시간 이후로 끊었다는 이들도 적지 않다.

함축적인 언어를 사용하는 시는 내 마음을 표현하기에 가장 좋은 장르이다. SNS가 급격히 확산되며 짧은 글이 유행처럼 번지고 있는 요즘, 함축적인 의미가 담긴 시의 언어에 기대어 내 이야기를 메모해보자.

8일 차 미션

1. 평소 좋아하는 시인의 시 한 편을 읽는다.
2. 읽은 시에서 인상적인 부분(3~5줄 또는 한 단락)을 손이나 워드로 필사한 후 그중에서도 가장 인상적인 문장에 밑줄을 긋는다.
3. 밑줄 그은 문장을 첫 문장으로 삼아 글을 쓴다.
4. 이때 시의 내용이나 발췌한 부분에 대한 작가의 생각과 나의 생각을 비교해보고 작가의 생각에 공감하거나 공감하기 어려운 부분에 대해서도 써보자.

참가자 예시

풀잎과 풀벌레의 노래

구름과 별과 바위들의 눈빛

받아 적고

세상이 버린 것에서

아름답고 귀한 것 찾아내고

작고 가녀린 것들의 눈물에 젖어들고

존재하는 것들의 평화에 입 맞추고

외롭고 쓸쓸해도

인간의 자존심 깃발처럼 펄럭이며

과거와 현재와 미래를 한꺼번에 사는

나는 다시 태어나도

시인이고 싶다.

_ 차옥혜 〈다시 태어나도 시인이고 싶다〉 중에서

나는 시인이고 싶다. 시인이 될 수는 없지만 이런 마음을 닮고 싶다. 흉내라도 내고 싶다. 변화를 일으키는 주문을 외우듯 나지막이 소리 내어 읽고 또 읽었다.

퇴근 후 늦은 저녁을 차리고 컴퓨터 앞에 앉은 잠시 동안의 이 시간이 물성을 띤다. 이 시간을 받아 적고, 찾아내고, 젖어들고, 입 맞추고 싶은데 벌써 졸음이 쏟아진다. 이래서 난 시인이 될 수 없나 보다. (박**님)

8일 차 '시'를 이용해 첫 문장 쓰기

• 인상적인 부분 발췌 및 밑줄 긋기

• 밑줄 그은 문장을 첫 문장으로 글쓰기

9일 차

'소설'을 이용해 첫 문장 쓰기

김영하 작가의 『읽다』라는 책에 이런 말이 나온다.

"대체로 우리는 그렇게까지 심각한 죄를 짓지 않고 살아갑니다. 그러나 우리 내면에 그런 면이 전혀 없다고는 아무도 단언하지 못합니다. 왜냐하면 고대 그리스인들이 믿는 바와 같이, 인간의 성격은 오직 시련을 통해 드러나는데, 우리는 아직 충분한 시련을 겪지 않았을 가능성이 크기 때문입니다. 우리는 우리를 언제나 잘 모르고 있습니다. 소설이 우리 자신의 비밀에 대해 알려주는 유일한 가능성은 아닐 겁니다. 그러나 그중 하나인 것만은 분명합니다. 그리고 그중에서도 가장 이상한 것임에도 분명합니다. 그래서 우리는 오늘도 새로운 괴물을 만나기 위해 책장을 펼칩니다."

_『읽다』 김영하 지음, 문학동네, 176~177쪽

소설이나 문학작품을 읽는 이유는 다양하지만, 무엇보다 가장 큰 이유는 내가 겪어보지 못한 타인의 삶을 되짚어보고, 그 삶에 대해 이해하고 고찰해보기 위해서가 아닐까 한다. 소설을 읽으면서 때론 등장인물이 되어 그들의 삶을 간접적으로나마 경험해보고 나와 다른 삶을 살아가는 이들을 이해하고 공감해볼 수 있다. 이런 점에서 소설 읽기는 진짜 나를 찾는 방법 중 하나다.

소설을 읽으면 유독 기억에 오래 남는 문장이 있다. 그 문장을 차분히 필사하다 보면 내가 오랫동안 정리하지 못했던 생각이 자연스럽게 정리되기도 한다. 오늘은 소설의 한 문장에 기대어 나의 메모 첫 줄을 시작해보자. 어쩌면 그 문장이 지금 나에게 가장 필요한 무엇일지도 모른다.

9일 차 미션

1. 짧은 소설을 한 편 읽거나 이전에 읽었던 소설을 꺼낸다.
2. 인상적인 부분(3~5줄 또는 한 단락)을 손이나 워드로 필사한 후 그 중에서도 가장 인상적인 문장에 밑줄을 긋는다.
3. 밑줄 그은 문장을 첫 문장으로 삼아 글을 쓴다.
4. 이때 소설의 내용이나 발췌한 부분에 대한 작가의 생각과 나의 생각을 비교해보고 작가의 생각에 공감하거나 공감하기 어려운 부분에 대해서도 써보자.

※tip '첫 문장 쓰기'에 좋은 추천 도서

『안녕 주정뱅이』 권여선 지음, 『경애의 마음』 김금희 지음,
『딸에 대하여』 김혜진 지음, 『쇼코의 미소』 최은영 지음,
『바깥은 여름』 김애란 지음, 『홀』 편혜영 지음

참가자 예시

"누구를 인정하기 위해서 자신을 깎아내릴 필요는 없어. 사는 건 시소의 문제가 아니라 그네의 문제 같은 거니까. 각자 발을 굴러서 그냥 최대로 공중을 느끼다가 시간이 지나면 서서히 내려오는 거야. 서로가 서로의 옆에서 그저 각자의 그네를 밀어내는 거야."

_『경애의 마음』 김금희 지음, 창비, 27쪽

누구를 인정하기 위해서 자신을 깎아내릴 필요는 없다. 좋은 말이다. 다른 사람을 인정하고 높이면서 자기 자신을 깎아내리는 말을 하는 사람들이 있다. 내 주변에도 있다. 누군가를 인정하면서 나도 있는 그대로 인정하는 것, 그것이 건강한 자존감이 아닐까 싶다. 건강한 자존감이 자리 잡히려면 어떻게 해야 할까? 있는 그대로의 나를 사랑하면 된다. (황**님)

9일 차 '소설'을 이용해 첫 문장 쓰기

• 인상적인 부분 발췌 및 밑줄 긋기

• 밑줄 그은 문장을 첫 문장으로 글쓰기

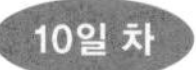

'에세이'를 이용해 첫 문장 쓰기

앞서 시와 소설 속 문장을 첫 문장 삼아 글을 써보았다. 잘 쓰인 작품, 평소 좋아하는 작가의 글에 기대어 내 글을 써보는 경험이 짜릿하지 않은가? 이번에는 에세이에서 인상적인 문장을 채집해보자.

에세이는 내 경험과 생각을 진솔하게 담는 글이기에 그 어떤 장르보다 내 마음을 표현하기에 적합하다. 특히 자신이 좋아하는 소재를 다룬 에세이라면 더욱 좋다. 달리기, 글쓰기, 독서, 요가, 그림, 피아노, 책방 이야기 등 요즘 에세이에서 다루고 있는 소재가 무궁무진하다. 관심 가는 소재를 다룬 에세이 중 한 편을 골라 읽은 후 그중 가장 인상적인 문장을 골라 기록하고 그 문장에 기대어 내 생각을 적어보자.

10일 차 미션

1. 짧은 에세이 한 편을 읽거나 이전에 읽었던 에세이를 꺼낸다.
2. 인상적인 부분(3~5줄 또는 한 단락)을 손이나 워드로 필사한 후 가장 인상적인 문장에 밑줄을 긋는다.
3. 밑줄 그은 문장을 첫 문장으로 삼아 글을 쓴다.
4. 이때 작가의 생각과 내 생각을 비교하거나 공감하는 부분, 공감하기 어려운 부분을 생각하며 쓴다.

참가자 예시

"착하다는 평가에 집착하는 사람이라면 자신이 진짜로 원하는 것이 무엇인지 생각해보는 습관을 가지길 권한다. 주변에 그런 사람이 있다면 "항상 양보하지 않아도, 네 주장을 펼치더라도 미움받지 않는다"고 조언해주기를 바란다. 그런 훈련을 하려면 '좀 미움받으면 어때? 모두에게 사랑받을 수는 없는 거니까' 하고 애써 담대해질 필요가 있다. 착해지려고 애쓰지 마라."

_『무례한 사람에게 웃으며 대처하는 법』 정문정 지음, 가나출판사, 46~47쪽

착해지려고 애쓰지 마. 착하기만 한 사람들은 인생의 선택권을 자신에게 주는 것이 익숙하지 않기 때문에 자신과 관련된 문제에서조차 방관자의 자세를 취한다. 이런 사람들은 자신의 몸을 돌볼 때도 방관자의 자세를 취할 때가 많다. '나이 들면 조금씩 아프고 그렇지 뭐, 이러다 낫겠지' 하고, '배 좀 나오면 어때, 이것도 인격이야'라며 성격이 둥글어서 그렇다고 한다. 하지만 몸은 거짓말하지 않는다. 매 순간 우리에게 신호를 보낸다. 예민한 사람은 절대 이 신호를 놓치지 않는다. 아프면 바로 병원에 가고, 배가 조금이라도 나오면 부리나케 운동하거나 음식을 줄인다. 인생의 선택권을 자신에게 주는 첫 번째 연습은 가장 사적인 영역인 '몸'부터 살피는 것이다. 몸을 대하는 태도까지 착한 것은 당신의 인생에 전혀 도움이 되지 않는다. 지금이라도 몸의 신호에 민감하게 귀 기울여야 한다. 이 순간에도 어떠한 신호를 보내고 있을지 모른다. 그것은 오직 당신만이 알 수 있다. 당신의 몸에는 결코 착해지려고 애쓰지 마라! (이**님)

10일 차 '에세이'를 이용해 첫 문장 쓰기

• 인상적인 부분 발췌 및 밑줄 긋기

• 밑줄 그은 문장을 첫 문장으로 글쓰기

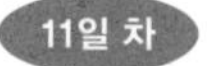

'드라마'를 이용해 첫 문장 쓰기

첫 줄로 쓸 수 있는 문장은 수없이 많다. 시나 소설, 에세이 등 내 심장을 찌르고 오래도록 기억에 남는 문장이라면 그 어떤 것이라도 관계없다. 하지만 누군가 나에게 첫 문장으로 가장 추천하고 싶은 장르를 이야기하라고 한다면 단연 드라마를 꼽는다.

책은 텍스트로 구성되어 있기에 읽은 후 나의 배경지식을 동원해 내 생각과 작가가 구체적으로 하고 싶었던 이야기를 결합하여 의미를 재해석하는 과정을 거쳐야 한다. 하지만 드라마는 영상으로 되어 있어서 좀 더 직접적으로 의미가 와 닿는다. 게다가 드라마엔 소설 속 명문장 못지않은 멋진 대사들이 많다. 마음을 두드린 드라마의 대사에 내 생각을 살짝 넣어보자. 드라마 대사는 책에서는 드러내기 쉽지 않았던 감정까지도 잘 꺼내 보여주곤 한다. 영상매체가 가진 이런 숨은 장점을 내 글쓰기에 이용해보자. 더불어 텍스트로 구성된 장르(책)로 첫 문장을 쓰고 이를 글로 풀어가는 게 어렵게 느껴지는 사람이라면 앞의 미션을 건너뛰고 드라마 대사를 가지고 좀 더 많이 연습해보는 것도 한 방법이다.

11일 차 미션

1. 평소 좋아하는 드라마의 명대사를 고른다. 기억나는 대사가 없다면 요즘 인기 있는 드라마 영상을 몇 편 찾아본다.
2. 인상적인 대사(3~5줄 또는 한 단락)를 손이나 워드로 필사한 후 가장 인상적인 대사에 밑줄을 긋는다.
3. 밑줄 그은 대사를 첫 문장으로 삼아 글을 쓴다.
4. 이때 등장인물의 생각과 내 생각을 비교하거나 공감하는 부분, 공감하기 어려운 부분에 대해서 생각하며 쓴다.

※tip 좋은 대사가 많이 나오는 추천 드라마

〈나의 아저씨〉, 〈또 오해영〉, 〈눈이 부시게〉, 〈라이브〉, 〈괜찮아 사랑이야〉

참가자 예시

지금 삶이 힘든 당신,

이 세상에 태어난 이상 당신은

이 모든 걸 매일 누릴 자격이 있습니다.

대단하지 않은 하루가 지나고 또 별거 아닌

하루가 온다 해도 인생은 살 가치가 있습니다.

후회만 가득한 과거와 불안하기만 한 미래 때문에

지금을 망치지 마세요.

오늘을 살아가세요, 눈이 부시게.

당신은 그럴 자격이 있습니다.

누군가의 엄마였고, 누이였고, 딸이었고,

그리고 '나'였을 그대들에게….

_ 드라마 〈눈이 부시게〉, 혜자의 대사 중에서

엄마가 돌아가신 후 '누군가의 ○○'이라는 말을 들으면 나는 멈칫하게 된다.

마치 '끈 떨어진 연'이라는 말을 온몸으로 실천하는 사람처럼 정확히 6년 동안 아무것도 할 수 없었다. 그림도 그릴 수 없었고, 쓰던 글도 멈추었다. 6년 만에 나를 다시 그리게 하고 쓰게 한 건 가족들이다. 비록 이제는 누군가의 딸일 수는 없지만, 나는 여전히 누군가의 철없는 동생이고, 누군가의 해맑은 이모이며, 누군가의 밥 잘 먹는 고모라는 사실이 나를 깨웠다.

하늘에 계신 엄마에게 말해주고 싶다. 막내딸 잘 지내고 있으니 이제 걱정하지 않아도 된다고. (강**님)

11일 차 '드라마'를 이용해 첫 문장 쓰기

• 인상적인 대사 발췌 및 밑줄 긋기

• 밑줄 그은 대사를 첫 문장으로 글쓰기

12일 차

'비문학 도서'를 이용해 첫 문장 쓰기

오늘은 비문학 도서의 문장을 첫 문장으로 이용해 메모를 써보자. 비문학 도서는 한 가지 주제나 소재로 자기 생각과 의견을 논리적으로 정리한 책이다. 그 어떤 책보다 내 생각을 정리하는 데 도움이 된다. 가능하다면 내가 좋아하는 분야나 평소 관심 있었던 작가의 책을 살펴보는 것이 좋다. 나와 비슷한 생각이나 의견을 그 작가는 어떻게 글로 정리했는지 살펴볼 수 있기 때문이다.

모든 글은 내 생각을 표현하는 하나의 도구이다. 잘 정리되지 않았던 생각도 완결된 문장을 따라 쓰면서 채워나가다 보면 어느새 글쓰기뿐만 아니라 생각도 정리되는 것을 느낄 수 있다.

12일 차 미션

1. 시, 소설, 희곡, 에세이를 제외한 도서 중 작가의 관점과 생각을 드러내는 책을 한 권 골라 읽거나 기존에 읽었던 책을 꺼낸다.
(평소에 관심 있었던 분야나 작가의 책 속 문장을 고르기를 권한다.)
2. 내용 중 마음에 와닿는 문장을 손이나 워드로 필사한 후 한 문장을 골라 그 문장을 첫 줄로 삼아 자신만의 생각을 메모한다.
3. 이때 작가의 생각과 내 생각을 비교해서 쓰면 더욱 좋다.

참가자 예시

공부(工夫)는 공부(拱扶)가 된다. 더불어 돕는 게 공부다. 더불어 도우며 성장을 도모하기 때문에 공부는 '사랑', 즉 에로틱한 과정이다. 그리스에서 스승과 제자가 연인 관계였고, 동양의 공부에서 도반(道伴)을 강조한 것이 바로 이런 이유다. 더불어 도우며 성장을 도모하기 때문에 이것은 서로를 고양하며 기쁨을 주는 관계다.

_ 『공부 공부』 엄기호 지음, 따비, 22쪽

공부(工夫)는 공부(拱扶)가 된다. 나에게 공부란 삶을 위한 도구였다. 작가가 말한 교육자본이 미래의 경제자본으로 교환될 시기에는 신분 상승의 사다리가 되어줬고, 원만한 사회생활을 위한 유용한 팁들을 얻을 수 있었으며, 결혼생활과 육아 시기에는 관계와 부모의 역할에 대한 반성과 성찰을 가능하게 해주었다. 공부는 하는 것이 안 하는 것보다 여러모로 나에게 유리했고, 살면서 문제가 생기면 그 해결책으로 필요한 공부를 선택했다. 쓸모를 다하고, 그 수명을 다한 공부들은 내 사고회로 여기저기로 던져져 고립되어 화석이 되어갔다. 나는 '공부'에 아무런 감정이 없었고 아무런 교류도 일어나지 않았다.

그런 오해를 깰 수 있었던 것은 기존에 알고 있던 공부를 멈추고 나서였다. 책을 읽고 단상을 나누면서 새로운 생각이 단초가 되어 글을 쓰게 되고, 지인들과 고민과 경험을 나누는 대화를 통해 갖고 있는지도 몰랐던 편견이 깨지기도 했다. 사람은 경험한 만큼 알 수 있다고 하던데, 공부가 고통과 인내가 아니라 즐거움일 수 있음을 경험하고 있다. 그걸 모르고 죽을 뻔했다. (최**님)

12일 차 '비문학 도서'를 이용해 첫 문장 쓰기

• 인상적인 부분 발췌 및 밑줄 긋기

• 밑줄 그은 문장을 첫 문장으로 글쓰기

13일 차

글쓰기를 위한 독서 메모 2

두 번째 독서 기록이다. '30일 메모 글쓰기'에서 독서 기록은 주 1회 진행된다. 독서를 통해 우리의 글은 단단해진다. 단, 단순히 책을 많이 읽거나 즐겨 읽는 것만으로는 부족하다. 기록해야 한다. 읽고 그것을 기록하는 독서야말로 작가와 대화를 나누는 완벽한 방법이자 내 글을 단단하게 해주는 최고의 방법이다.

"책을 도대체 왜 이렇게 읽어?"

나는 책을 '더럽게' 보기로 유명하다. 밑줄은 기본이고, 읽다가 의문이 들거나 이해가 가지 않는 부분이 나오면 그 부분에 질문을 직접 쓰기도 한다. 포스트잇이나 인덱스가 여기저기 붙어 있는 것은 예사로운 일이다. 나의 이런 독서 습관에 가장 딴지를 거는 사람은 남편이다. 깔끔쟁이인 남편의 관점에서 볼 때 이런 나의 독서 습관은 이해하기 어려운 행위이다.

나는 책을 읽으면서 작가에게 자꾸 말을 건다. 가끔 혼잣말도 한다. 곁에 있는 이들은 어쩌면 나를 약간 정신 나간 사람으로 볼지도 모른다. 책을 읽다가 공감하는 문장을 만나면 밑줄을 긋고 그 문장을 마음에 새기고 필사하고 나만의 단상을 적기도 한다. 공감하기 어렵다거나 이해가 안 되는 문장을 만나면 여지없이 "왜?"라고 입 밖으로 외치기도 하고, "나는 아닌데"라고 적어놓기도 한다. 이런 적극적인 독서 행위는 내 생각을 더욱 단단하게 해준다.

독서는 혼자 글을 읽는 행위가 아니다. 작가와 생각을 공유하고, 그의 생각과 내 생각을 함께 나누며 시대적인 배경과 현실의 장벽과도 맞서 싸우는 적극적인 행위다. 1단계 독서 메모에서 간단하게 책 제목, 읽은 분량과 인상적인 문장을 발췌했다면 이번에는 좀 더 적극적인 독서 메모를 해보겠다.

2단계의 독서 메모에서는 발췌한 문장에 대한 작가의 생각과 내 생각이 어느 지점에서 맞닿아 있는지, 공감하는 점과 공감하기 어려운 점은 각각 무엇인지, 작가가 말하려는 이야기나 메시지에 대한 궁금증은 무엇인지 질문으로 적어보자. 기회가 된다면 작가의 북토크나 강연회에 가서 적어놓은 질문을 직접 던져보는 기회를 가져보기 바란다. 이보다 더 재미있고 스릴 넘치는 독서가 또 있을까.

13일 차 미션

1. 책 제목, 독서 시간, 읽은 분량(시작 페이지와 끝 페이지)을 적는다.
2. 읽었던 분량 중 가장 인상적인 부분을 적고 그 문장에 대한 내 생각과 작가의 생각을 비교해서 적는다. 공감하는 부분 혹은 공감하기 어려운 부분은 무엇인지 생각해보고 그 이유도 적어본다.
3. 작가의 생각이나 상황, 문장에 대한 궁금증을 질문으로 남겨보자.

참가자 예시

• 책 제목	『고통은 나눌 수 있는가』 엄기호 지음
• 읽은 분량	199~221쪽
• 독서 시간	20분

• **인상적인 부분 발췌**

언어에는 신비로운 힘이 있어서, 말할 수 없는 것이 있다는 것을 표기함으로써 다른 사람들이 그 앞에서 침묵하게 하고 그가 당한 고통의 절대성에 예의를 갖추고 존중하게 한다. 관종 사회는 고통받는 사람의 존엄이 존중되는 바로 이 길을 봉쇄했다. (209쪽)

• **공감한 이유 또는 공감하기 어려운 이유**

상대의 아픔에 공감한다는 것. 내게 있어서 주변의 지인들을 크게 구분 짓는 사건이 몇 개 있는데 그중 가장 큰 사건이 바로 세월호 사건이다. 이 사건이 터지고 난 후, 유가족의 아픔과 고통에 동조하는 사람이 있는가 하면 마음은 아프지만 공공의 문제로 거론할 사항은 아니지 않냐며 반문하던 사람도 있었다. 자신의 정치적 입장에 따라 보는 시선이 다를 수 있다는 것에 놀라움을 감출 수 없었지만 모든 사람이 같은 방법으로 유가족의 고통을 느끼지 못할 수도 있다는 나름의 합리화에 더 이상 그 이유를 물을 수 없었다.

• **작가에게 던지는 질문**

고통에 공감하는 방법이 다르다 하더라도 유가족의 고통을 일반화하고 오히려 그들을 비난하는 것은 어떻게 생각해야 할까?

(최**님)

13일 차 글쓰기를 위한 독서 메모 2

• 책 제목
• 읽은 분량
• 독서 시간
• 인상적인 부분 발췌
• 공감한 이유 또는 공감하기 어려운 이유
• 작가에게 던지는 질문

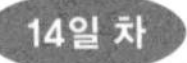

중간 점검하기

벌써 '30일 메모 글쓰기' 과정의 절반을 달려왔다. 막연하게 '써야지'라는 결심에 그치지 않고 직접 실행으로 옮긴 2주간의 여정이었다. 오늘은 그동안 써놓은 메모지를 보면서 자신을 마음껏 칭찬해주자. 그 어려운 것을 해낸 나에게 작은 보상도 해주자. 시원한 맥주 한 캔도 좋고, 예쁜 노트 한 권, 평소 눈여겨봐놓고 차마 사지 못한 비싼 펜도 좋다. 나에게 주는 작은 선물과 함께 그 마음을 메모로 남겨보자.

지금껏 쓴 열세 개의 메모 중에서 가장 마음에 드는 메모도 하나 골라보자. 왜 그 메모가 마음에 들었는지 이유도 적어보고, 소리 내어 읽어보면서 틀린 문장이나 단어는 없는지 체크해보자. 다시 읽어보면서 아쉬운 부분은 없는지 살펴보자.

겨우 13일간 메모해놓고 왜 이리 요란하냐고 말할 수도 있겠다. 하지만 다짐하고 작심삼일로 끝나는 일이 얼마나 많은가. 그런 의미에서 무려 13일이나 메모를 했다는 것은 매우 칭찬할 만한 일이다. 13일을 지속했다는 건 이미 메모 습관이 조금씩 정착되고 있음을 의미한다. 어쩌면 미션 메모 외에도 다양한 메모를 하고 있는 자신을 이미 발견했을지도 모른다. 칭찬받아 마땅하다. 그러니 마음껏 칭찬하고 남은 기간 동안 지금의 기쁨을 잊지 않도록 하자. 그래야 계속할 수 있다.

14일 차 미션

1. 그동안 썼던 메모를 살펴본다.
2. 가장 마음에 드는 메모를 하나 고르고 그 이유를 적어본다.
3. 선택한 메모를 소리 내어 읽어보고 아쉬운 점이나 다시 쓴다면 어떤 부분을 보완하고 싶은지도 정리해보자.
4. 글쓰기 미션 중 완수하지 못한 부분이나 가장 쓰기 어려웠던 메모는 무엇이었는지도 되짚어본다.

참가자 예시

• 나의 베스트 글

칼국시

정말 맛있는 손칼국수를 먹을 때면 곱게 참빗으로 머리를 빗어 올린 쪽찐 할머니의 모습이 희미하게 떠오른다. 두세 살 터울의 3녀 1남 중 둘째로 태어나 어릴 때부터 중간에서 많이도 혼나고 컸다. 게다가 한시도 가만있지 못하는 성격 때문에 온 집 안을 쑤시고 다녀 세상 깔끔한 할머니에게 엄청 혼났다. 그랬던 할머니가 꼭 나만 찾는 경우가 있었다. 바로 비가 내리는 날이다.

"칼국시 먹고 잡냐?"

아마도 당신이 드시고 싶었던 것 같다. 하지만 꼭 나에게 물으시고, 나에게 한 가지 임무를 주셨다. 할머니가 커다란 들통에서 뜨거운 삶을 다한 멸치를 건지실 때면 썰린 칼국수 가락을 끊이지 않고 뭉치지 않도록 야무지게 털어내는 것이 내 몫이었다.

• 이 글을 베스트로 뽑은 이유

이 글을 선택한 이유는 규칙이나 문법에 얽매이지 않고 말하듯이 자연스럽게 술술 써내려간 글이기 때문이다. 과거의 추억을 소환하면서 뭉클하기도 했다.

• **글에서 표현되지 못한 아쉬운 점**

사실 할머니가 나를 손주 중에 왜 유독 못마땅해하셨는지 좀 더 설명하고 싶었다.
엄마가 외출한 사이에 할머니가 엄마를 욕하는 목소리를 내가 녹음해서 온 식구가 있을 때 틀었던 에피소드가 있다. 민망했을 엄마와 당황했을 할머니 사이에서 천진난만하게 눈을 반짝이며 앉아 있던 나, 이 이야기를 넣었다면 뒷부분의 칼국수 만들던 추억이 좀 더 공감받을 수 있었을 텐데 하는 아쉬움이 있다.

(최**님)

14일 차 중간 점검하기

• 나의 베스트 글

• 이 글을 베스트로 뽑은 이유

• 글에서 표현되지 못한 아쉬운 점

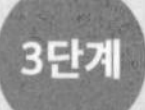

다른 매체를 활용해 메모 습관 굳히기

(15일 차 ~ 21일 차)

2단계 '남이 써주는 첫 줄'을 통해 글쓰기에 대한 두려움이 조금은 사라졌을 것이다. 글쓰기를 습관화하고 삶에서 다양한 방식으로 글쓰기를 하고 싶다면 가장 먼저 글쓰기에 대한 인식부터 바꿔야 한다. 글쓰기는 어쩌다 한번 하는 이벤트가 아니다. 나의 하루이자 일상이고 삶의 일부가 되어야 제대로 된 글을 쓸 수 있다. 이를 위해 메모에 집중할 수 있는 나만의 절대시간을 확보하고, 알람을 맞추어 그 시간이 버려지지 않도록 애썼다. 더불어 좀 더 쉽게 메모하기 위해 인상적인 문장을 장르별로 수집하고 거기에 나의 글을 조금씩 적어보았다. 이제 3단계에서는 색다른 메모 글쓰기를 해나갈 것이다. 이름하여 '다른 매체를 활용해 메모 습관 굳히기'다. 예전에는 오롯이 책에 의지해서 글쓰기를 연습하고 훈련했다. 작가의 책을 모조리 필사하기도 하고, 좋아하는 시인의 시를 암송하기도 했다. 하지만 요즘은 어떤 시대인가? 콜라보 시대다. 책 이외에도 우리의 글쓰기를 자극하는 요소는 무궁무진하다.

책도 좋지만 다른 매체를 활용하면 글쓰기를
습관화하는 데 더 효과적이다. 한 장르만 고집하는
것은 시대착오적인 발상이다. 내가 그린 그림에 한 줄
메모를 할 수도 있고, 소중한 사진에도 몇 줄 메모를
해둔다면 아주 좋은 한 편의 에세이가 완성된다.
이렇게 다양한 매체를 활용하는 메모 글쓰기는
약간은 지루해질 수 있는 메모 쓰기에 또
다른 활력소로 작용하기도 한다.
더불어 이처럼 다른 매체를 활용해 메모를 하다
보면 묘사력이 좋아지는 것은 물론 생각정리에도
도움이 된다. 그럼 지금부터 시작해보자.

15일 차

'인물사진'을 이용한 메모

책 이외에 글쓰기에 영감을 주는 매체를 고르라고 하면 나는 단연 사진을 꼽는다. 사진은 기존에 내가 눈으로 보아왔던 세계를 또 다른 시선을 볼 수 있게 하고, 한 발 더 나아가 못 본 것들도 보게 한다. 세계적으로 유명한 사진작가 제이 마이젤은 그의 책 『사진 아닌 진짜 사진 이야기』에서 61년간 카메라를 든 이유에 대해 "전에 본 적 없는 것을 찾으려 노력하고, 그것이 카메라를 들게 만든다"고 말했다. 카메라가 육안으로 본 세상과는 다른 느낌의 세상을 우리에게 전해주며 전에는 볼 수 없었던 또 다른 것을 볼 수 있게 해준다는 것이다.

사진은 사물에 대한 관찰력을 높이고, 무엇보다 자세하게 묘사하는 능력을 길러준다. 그동안 보지 못했던 것, 볼 수 없었던 것을 보게 해주는 마력을 가졌다.

휴대폰에 저장된 사진 하나를 골라서 그날의 상황, 그날의 추억, 그날의 기억을 자세하게 메모해보자. 의외로 아주 쉽게 한 편의 메모가 완성될지도 모른다. 특히 관찰력이나 세부 묘사력이 부족한 이들에게 사진 메모는 매우 효과적인 방법이다.

15일 차에는 인물사진으로 메모해보고자 한다. 휴대폰 사진 폴더에 있는 인물사진 중 한 장을 꺼내 그 사람의 인상착의부터 가장 기억에 남는 에피소드, 그에 대한 내 생각을 담아보자.

사진 한 장만으로도 충분히 좋은 글을 쓸 수 있다.

15일 차 미션

1. 휴대폰 속 사진 중 인물사진 한 장을 소환한다.
2. 인물의 겉모습뿐만 아니라 성격, 기억에 남는 일이나 나와 관련된 에피소드 등을 메모한다.
3. 이 인물에 대한 본인만의 생각을 한 문장으로 정리한다. '○○은 나에게 ○○○이다'와 같은 식으로 정의를 내려봐도 좋다.

참가자 예시

10년 만의 만남

나의 20대에서는 그녀들을 빼놓을 수 없다. 임용고시에 합격하기 전 2년 정도 근무했던 사립유치원에서 함께 추억을 만든 그녀들이다. 할 이야기가 뭐가 그리 많은지 퇴근 후 과자 한 보따리를 사서 이야기하느라 밤을 지새우고 함께 여행도 다니고, 스티커 사진도 찍었다.

이렇게 2년을 꼬박 함께 보낸 시간을 뒤로 한 채 우리는 각자의 길을 찾아 떠났다. 결혼도 하고, 아이도 낳으며 20대의 풋풋했던 우리는 어느덧 불혹의 나이가 되었다. 그녀들과 무려 10년 만에 1박 2일 여행을 떠났다. 그때보다 더 살이 찌고 아줌마가 되었지만, 여전히 할 말 많고, 먹고 싶은 것 많은 20대 모습 그대로였다.

이들은 나에게 '에너지'다. (강**님)

15일 차 '인물사진'을 이용한 메모

16일 차

'풍경사진'을 이용한 메모

사진 찍은 그날의 이야기를 글로 남기면 멋진 사진을 더욱 오래도록 기억할 수 있다. 사진은 좋은 글감이자 소재이다. 여행에서 혹은 일상에서 찍은 사진 중 풍경이 담긴 사진 한 장을 꺼내 그날 있었던 일, 그날 함께했던 사람들, 주변 풍경 등을 떠올려 보자.

누군가 그랬다. 남는 건 사진밖에 없다고. 추억이 담긴 옛날 노래를 들으면 금방 그 시대로 돌아가는 것처럼, 사진 역시 그때의 상황, 그날의 분위기, 느낌을 반추하기에 아주 좋은 도구이다.

오늘은 어느 하루의 풍경사진을 꺼내보고 그날 있었던 일, 함께 있었던 사람을 자세하게 묘사해보자.

16일 차 미션

1. 휴대폰 속 사진들 중 풍경사진 한 장을 소환한다.
2. 사진 속 풍경을 찍은 날을 기억하며 그날의 에피소드와 풍경에 대해 메모한다.

참가자 예시

내 고향 경상도에서는 볼 수 없던 눈

강원도로 발령을 받아 속초에서 살게 되면서 만난 하얀 눈은 빛깔 때문에 엄청난 기억으로 남아 있다. 처음 이렇게 많은 눈을 본 날, 눈에 뒤덮인 울산바위의 모습에서 눈을 뗄 수 없었다. 온통 하얀 옷을 입고 있는 풍경에 입을 다물 수도 없었다. 하지만 감탄과 눈 호강은 그리 오래가지 못했다. 매년 겨울이 되면 눈이 내리더라도 조금만 내리게 해달라고, 출근하는 평일은 넘기고 주말에만 내리게 해달라고 빌고 또 빌어본다. (강**님)

16일 차 '풍경사진'을 이용한 메모

사전을 이용한 생각정리 메모 1

"많은 사람이 공감하는 글을 쓰고 싶어요."

최근 이런 말을 하며 글쓰기 수업에 참가하는 사람들이 꽤 많다. 말보다 글이 먼저고 대세인 요즘의 경향을 비추어보건대 자기가 쓴 글이 더욱 많은 이들에게 공감받길 원하는 건 당연하다. 공감받는 글을 쓰고 싶다는 것은 '글을 잘 쓰고 싶다'는 마음의 다른 표현이고, 글로 '많은 사람과 소통하고 싶다'는 의미이기도 하다.

공감받는 글을 쓰려면 어떻게 해야 할까? 나는 무엇보다 정확한 어휘나 단어 선택이 중요하다고 생각한다. 가끔 어려운 한자어나 들어도 무슨 말인지 모를 외국어를 쓰지 않았음에도 불구하고, 공감은커녕 문장 자체를 이해하기 어려운 글을 만날 때가 있다. 아무리 찾아봐도 문법적 오류는 없는데 도통 이해가 되지 않는 문장은 때로는 심한 불쾌감을 동반하기도 한다. 이럴 때는 십중팔구 적확하지 못한 단어를 쓴 경우가 많다.

시나 소설, 희곡 등 문학적인 범주의 글이 아닌 내 생각이나 경험을 나누는 글을 쓸 때는 내 생각을 잘 정리하고 그걸 담아낸 단어를 정확하게 선택해서 써야 한다.

나는 글을 쓸 때 사전을 옆에 두고 (요즘은 포털사이트의 '국어사전'을 켜두고) 쓴다. 글을 쓰다 보면 적확한 단어인지 헛갈릴 때가 종종 있다. 우리말은 쉬우니까, 전체적인 맥락이나 문맥에 맞으면 되니까, 혹은 귀찮으니까,라는 식으로 그냥 넘기지 말았으면 한다. 정확한 의미를 알고 이를 내가 쓰는 글에 잘 활용해야 공감받는 글을 쓸 수 있다.

평소에 모르는 단어뿐만 아니라 알고 있는 단어라도 정확한 뜻을 찾아보고, 기록하고, 그 의미를 다시 한번 생각해보자. 바른 언어를 바르게 사용하는 것은 글 쓰는 이라면 반드시 해야 할 훈련이다.

사전을 이용한 생각정리 메모 첫 번째는 평소 궁금했거나 자주 사용하는 동사나 형용사를 활용해서 작성해보자. 서술어는 문장의 다리 역할을 한다. 튼튼한 다리가 좋은 문장을 만든다. 이는 진리다.

문장 안에서 서술하는 역할을 하는 동사(사람이나 사물의 움직임을 나타내는 말)와 형용사(성질과 상태를 나타내는 말)의 의미를 정확하게 알고 써야 문장과 글에서 전달하고자 하는 주제나 메시지가 더욱 명확하게 전달된다.

17일 차 미션

1. 국어사전이나 포털사이트의 사전에서 평소 자주 쓰거나 의미를 정확히 알고 싶은 동사나 형용사를 찾는다.
2. 사전에 기록된 단어의 사전적 의미를 그대로 옮겨 적는다.
3. 비슷한 말이나 상대어, 반의어 등도 함께 적어두면 어휘력을 늘리는 데 도움이 된다.
4. 찾아본 단어에 대한 본인만의 생각을 정리해본다.

참가자 예시

남자답다 :

[형용사] 남자로서 갖출 만하다고 여겨지는 성질이나 특성이 있다.

유의어 : 사내답다. 사나이답다.

(출처: 고려대 한국어대사전)

'남자답게'의 편견을 버려야 '인간답게' 된다

'남자답다'는 사회적 통념은 다분히 폭력적이다. '남자다움'이라는 개념으로 몰개성을 강요하고 있기 때문이다. 남자라면 배짱이 있어야 하고, 언제나 강하고 적극적이어야 한다는 기준은 도대체 어떤 이유로 만들어진 사회적 잣대인가. 남자 중에도 그 기준과 다른 성향의 사람들이 얼마나 많은데 그 많은 다양성을 가지고 있는 남자들을 상자 안에 다 담아야 하는가. 그 상자에 들어가지 못한 남자들은 남자가 아닌가. 남자답기 이전에 인간다우면 되는 것 아닌가. '남자다움'을 강요하기 위해 '인간다움'은 나중의 문제인가. 둘 중에 뭔가를 강요해야 한다면 우선순위는 '인간다움'이다. (최**님)

17일 차 사전을 이용한 생각정리 메모 1

• 사전에서 찾은 단어

• 그 단어에 대한 나의 생각

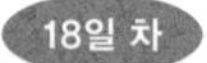

18일 차

사전을 이용한 생각정리 메모 2

글을 쓸 때 가장 어려운 부분 중 하나가 어휘력이다. 매번 주제와 소재는 달리하지만, 어느새 몇 개의 단어로 '돌려막고' 있다는 생각을 지울 수 없다. 비슷한 단어의 반복적인 사용, 심한 동어반복은 글의 가독성을 떨어뜨리고 읽는 재미를 반감시킨다. 다양한 단어를 이용해 입체감 있는 글을 쓰고 싶지만 사용하는 단어의 양이 턱없이 부족한 경우가 많다.

안타깝게도 어휘력은 단번에 늘어나지 않는다. 많은 글쓰기, 독서 관련 책에서 어휘력 향상을 위해 '독서량'을 늘리라고 주문한다. 나 역시 어휘력을 늘리는 데 독서가 절대적으로 중요하다는 말에는 공감한다. 하지만 '책 읽기'를 통해 언젠가 어휘력이 향상되기만을 마냥 기다리고 있을 수는 없다.

사전을 이용해서 다양한 단어의 의미를 정확하게 이해하고, 이를 내 생각과 접목시키는 메모를 하다 보면 필연적으로 여러 가지 단어의 뜻을 자연스럽게 새기게 되고, 어휘력도 늘어난다. 특히 다양한 명사가 가지고 있는 미묘한 의미와 사용법까지 익힐 수 있어 훨씬 잘 읽히는 글을 쓸 수 있다. 그런 의미에서 오늘은 명사의 사전적 의미를 활용해서 메모해보자.

18일 차 미션

1. 국어사전이나 포털사이트의 사전에서 평소 자주 쓰거나 알고 싶었던 명사를 찾는다.
2. 단어의 사전적 의미를 그대로 옮겨 적는다.
3. 비슷한 말이나 상대어, 반의어 등도 함께 적어두면 어휘력을 늘리는 데 도움이 된다.
4. 찾아본 단어에 대한 본인만의 생각을 정리해본다.

참가자 예시

휴식(休息) :

[명사] 하던 일을 멈추고 잠깐 쉼

(출처: 국립국어원 표준국어대사전)

'휴식'이라는 단어는 듣기만 해도 숨통이 트이는 기분이다. 학창 시절 50분의 수업이 끝나고 울리는 쉬는 시간 종소리는 그 어떤 노랫소리보다 아름답게 들렸고, 내가 좋아서 시작한 취미생활에서도 강사님의 "잠시 쉬었다 하겠습니다"라는 말이 사막에서 만난 오아시스처럼 반갑다. 쉬는 시간을 잘 지켜주시는 강사님이야말로 강사 만족도 별 5개 감이다. 이렇듯 휴식이란 잠시 숨 고르고 나를 재정비하는 시간이라 할 수 있겠다. 나에게 지금은 사전적 의미에 충실한 휴식이 더 필요한 건지도 모르겠다. 하지만 아직은 상황에 구애받지 않는 시간에 내 의지대로 내가 하고 싶은 일을 할 수 있는 걸 '휴식'이라 말하고 싶다. (남**님)

18일 차 사전을 이용한 생각정리 메모 2

• 사전에서 찾은 단어

• 그 단어에 대한 나의 생각

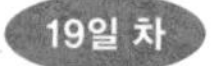

사전적 의미를 활용한 첫 문장 쓰기

사전을 활용해서 명사와 동사, 형용사 등 주요 품사의 사전적 의미를 파악하고 이를 메모하기에 활용해보았다.

사전을 이용한 또 다른 메모 글쓰기 방법으로 '사전적 의미를 활용한 첫 문장 쓰기'가 있다. 글을 쓸 때 첫 시작을 어떻게 할지 몰라 망설여지는 때가 참 많다. 그럴 경우 내가 쓰고자 하는 중심 키워드를 잡고 그것의 사전적 정의로 메모를 시작하면 좋다. 이런 글쓰기 방법은 첫 문장에 대한 고민을 덜어줄 뿐만 아니라 자기 생각을 보다 명확하게 정리하는 데 큰 도움이 되기도 하고, 독자에게 새로운 정보나 사실을 익힐 기회를 제공하기도 한다.

오늘은 평소 궁금했거나 내가 쓰고자 했던 키워드의 사전적 정의로 메모를 시작해보자.

19일 차 미션

1. 국어사전이나 포털사이트에서 평소 자주 쓰는 말이나 알고 싶었던 단어를 찾는다.
2. 단어의 사전적 의미를 그대로 옮겨 적고 그것을 첫 문장으로 해서 메모를 써보자.
3. 이때 관련 에피소드가 있다면 함께 메모한다.

참가자 예시

인간관계(人間關係) :

[명사] 인간과 인간, 또는 인간과 집단과의 관계를 통틀어 이르는 말

(출처: 국립국어원 표준국어대사전)

국어사전에 의하면 인간관계는 "인간과 인간, 또는 인간과 집단과의 관계를 통틀어 이르는 말"이다. 사전에서 인간관계는 이렇게 간단히 정의

되지만, 실상 세상 복잡하고 어려운 것이 인간관계다. 가족 구성원과 원만한 관계를 이루지 못하면 가정불화가 생기고, 친구들과의 원만한 관계 맺기에 실패하면 학교생활에 적응하기 어렵다. 동료들과의 관계가 좋지 않은데 회사에서 살아남을 수 있을까? 오롯이 혼자 있는 시간을 제외하고 우리는 하루에도 수시로 많은 사람을 상대해야 하는데 그 '원만한 관계'란 좀처럼 쉽지 않다. 인간관계는 참 어렵다. (최**님)

19일 차 사전적 의미를 활용한 첫 문장 쓰기

• 사전에서 찾은 단어

• 단어의 의미를 첫 문장으로 글쓰기

글쓰기를 위한 독서 메모 3

글쓰기에서 빠질 수 없는 것 중 하나가 '독서'다. 책을 많이 읽는 것은 아무리 강조해도 지나침이 없다. 하지만 책을 읽기가 쉽지 않은 시대라는 것도 사실이다. 읽어야 할 글, 봐야 할 콘텐츠가 하루에도 수만 개씩 올라오는 현실에서 책 읽기 무용론까지 서슴지 않고 이야기하는 사람도 있다. 하지만 책은 인류 역사상 가장 오래된 콘텐츠 플랫폼 중 하나이다. 그리고 우리는 책을 통해 한 개인이 짧게는 5년, 길게는 수십 년에 걸쳐 습득한 지식과 경험을 단 몇 시간의 수고를 통해 얻을 수 있다. 이 좋은 독서를 '읽기 힘들다'는 이유로 저버릴 수는 없다. 게다가 글쓰기와 독서는 불가분의 관계다.

자, 그렇다면 방법은 하나다. 독서 역시 습관화하여 이를 좀 더 쉽게 내 일상의 일부로 만들어보자. 그러기 위해 일단 두 가지 방법을 제안한다. 하나는 읽기의 방식이다. 나는 '끌리는 독서'와 '목적 독서' 이 두 가지 방법을 통해 독서를 체화하고 습관화했다. '끌리는 독서'는 내 마음이 끌리는 제목이나 작가의 책을 선택하여 읽는 방법이다. 마음이 끌려야 읽고 싶다는 '욕구'가 생기는데 이 욕구는 독서를 '습관화'하는 데 가장 중요한 요소 중 하나다.

또 다른 방법인 '목적 독서'는 내가 더 알고 싶은 분야나 관심 분야 등과 관련한 책을 읽는 것을 말한다. 목적 독서를 통해 내가 알고 있고, 쓰고 싶은 이야기의 주제를 확장하거나 그 분야에서 널리 쓰이는 표현법을 익힐 수 있다.

하지만 이 정도로 독서를 평생 습관화하기는 어렵다. 주기적으로 자신의 독서 패턴을 기록하면서 내가 읽고 있는 책의 종류, 속도 등을 데이터화하는 것이 무엇보다 중요하다. 이를 위해 한 달에 한 번 정도 '완독한 책', '1/2 이상 읽은 책', '1/2 이하 읽은 책' 이렇게 세 가지로 읽은 책을 분류해봄으로써 자신의 독서 패턴을 눈에 보이게 정리할 수 있다. 이렇게 하면 편독이나 무리한 독서 계획을 세우지 않게 되어 독서를 평생 습관으로 만들 수 있다.

20일 차 미션

1. 한 달 동안 읽은 책의 목록을 적은 후 읽은 정도에 따라 완독한 책, 1/2 이상 읽은 책, 1/2 이하 읽은 책으로 구분한다.
2. 각 책의 제목과 간단한 느낌, 책의 장점 등을 세 줄 정도로 짧게 정리한다.

참가자 예시

• 완독한 책

『피아니스트는 아니지만 매일 피아노를 칩니다』 김여진 지음

일기 쓰듯 편하게 쓴 것 같으면서도 중간중간 특이한 표현이 눈에 띄었다. 작가가 시를 계속 필사한 것이 그런 표현의 밑거름이 된 것 같다.

• 1/2 이상 읽은 책

『직업으로서의 소설가』 무라카미 하루키 지음

하루키의 글쓰기는 어떻게 시작된 것인지 궁금했고, 작가님의 필사문으로도 만났던 터라 읽기 시작한 책이다. 글 쓰는 데 도움이 되는 문장이 많이 눈에 띈다.

• 1/2 이하 읽은 책

『하마터면 열심히 살 뻔했다』 하완 지음

다른 사람들에 비해 느긋한 나는 그리 열심히 살아온 것 같지는 않지만, 아이들에게는 열심히 최선을 다하라고 외쳤으니 새삼 부끄럽다. 읽으면서는 끄덕이며 '그래 잠깐 그렇게 산다고 크게 변할 것도 없는데, 왜 그리 안절부절못하며 살까?'라고 생각하지만, 마음속에서는 아이들에게는 읽으라고 권하고 싶지 않기도 하다. 나의 이중성을 볼 수 있는 책이다.

(남**님)

20일 차 글쓰기를 위한 독서 메모 3

• 완독한 책

• 1/2 이상 읽은 책

• 1/2 이하 읽은 책

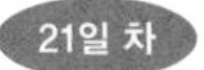

음악이나 그림 감상하고 메모하기

다양한 매체를 활용해서 메모하다 보면 나도 모르게 여러 분야에 관심을 갖게 된다. 그동안 그냥 스쳐 지나치면서 그저 '좋다', '멋지네'라는 말만 되뇌었던 예술작품을 더 꼼꼼히 보게 되고 나만의 해석이나 관점을 작품에 입히게 된다.

오늘은 좋아하는 음악을 듣거나 예술작품을 보고 그에 대한 나의 관점과 생각을 메모로 담아보자. 학창 시절 들었던 대중가요도 좋고, 미술 교과서에서 나왔던 그림도 좋다.

단순한 감상에 그치는 것이 아니라 메모를 남기면서 마음에 새기다 보면 다른 작품을 보는 안목이 높아질 뿐만 아니라 그동안 잠시 잊고 살았던 감각이 되살아나기도 한다.

21일 차 미션

1. 좋아하는 음악이나 그림을 하나 고른다.
2. 그 작품을 좋아하는 이유를 세 가지 정도 생각해본 후 그 내용을 메모로 정리한다.

참가자 예시 1) 그림

<태평양의 새벽>이라는 제목의 그림을 좋아한다. 이 그림은 크리스 조던의 작품으로 한쪽 벽면을 가득 채운 그림 속에는 수평선과 하늘이 만나는 지점이 겹쳐져 있어 어디까지가 하늘이고 어디까지가 바다인지 알 수 없다. 그 모호함이 나를 이끌었다. 그 맞닿는 지점의 흐릿함이 지금의 내 마음 같아서 일렁이고 휘청이는 마음의 경계선을 그림 속에서라도 찾고 싶었나 보다. (한**님)

참가자 예시 2) 음악

슈만의 <피아노 4중주>를 듣기 위해 타이달 앱에서 곡을 찾아봤다. 예전에 들어본 앨범 하나가 눈에 띈다. 미샤 마이스키와 릴리 마이스키의 <Adagietto> 앨범이다. 13번 트랙의 피아노 4중주에 마르타 아르헤리치의 피아노 연주가 들어 있었다. 오늘 아침 클래식 FM에서 아르헤리치 연주로 차이콥스키 <피아노협주곡 1번>을 들으며 묵직하게 눌리는 건반 소리에 심장이 덩달아 쿵쾅거렸는데 이 곡에서는 현악기들이 돋보이도록 받쳐주며 티 안 나게 조력하고 있는 느낌이다. 주방 식탁에 앉아 블루투스 키보드를 또각거리고 있다. 역시 블루투스로 연결된 티볼리 오디오에서는 타이달 앱으로 틀어놓은 슈만의 <피아노 4중주> 3악장이 반복해서 나오고 있다. 오늘도 나는 클래식과 조금 친해져본다. (고**님)

21일 차 음악이나 그림 감상하고 메모하기

나만의 언어 찾기

(22일 차 ~ 30일 차)

글쓰기는 결국 나 자신을 찾아가는 과정이다. 글을 쓰다 보면 그동안 직간접적으로 경험했던 것들을 바탕으로 내 생각을 만들고, 끊임없이 사색하면서 진정한 나를 인식하게 되기 때문이다. 글쓰기를 통해 그동안 몰랐던 나를 알게 되기도 하고, 조금 알았던 나에 대해서 더 자세히 알게 되기도 한다. 나에 대해, 내 생각에 대해 보다 명확하게 알기 위해서 '30일 메모 글쓰기' 4단계에서는 나를 알아가는 과정을 하나하나 메모로 남긴다. 이 과정을 통해 이후 글쓰기를 할 때의 마음가짐 또는 내 생각을 풀어가는 방식을 익힐 수 있다. 나를 표현하는 말, 나의 장점, 내가 좋아하는 음식, 친구, 영화, 작가 등 나와 관련된 소재와 주제를 연결해서 메모함으로써 나를 더 깊이 들여다보는 계기를 마련하고 이후 다양한 장르의 글을 쓸 때 가장 유용하게 쓰일 글감을 만들어보자.

나를 표현하는 말들

나를 한마디로 표현할 수 있는 말은 무엇일까? 아마 자신을 표현하는 말을 찾아보라고 하면 많은 사람이 머뭇머뭇할 것이다. 누군가의 엄마일 수도, 아빠일 수도, 아내일 수도, 남편일 수도, 딸일 수도, 아들일 수도 있다. 비단 역할만이 아니다. 내게 어울리는 색깔이나 연상되는 단어, 성격 등도 나를 표현하는 말이 될 수 있다.

오늘은 깊이 있게 나를 표현하는 말들을 찾아 메모해보자.

22일 차 미션

1. 평소 다른 이들이 나를 부르는 말 혹은 '나는 이런 사람이야'라고 생각하는 단어를 떠올려본다.
2. 그 말에 대한 내 생각을 정리해본다.
3. 이때 관련 에피소드가 있다면 함께 메모한다.

참가자 예시

나를 표현하는 현재의 말은 '엄마'다.

'엄마', 어쩜 하루 중 가장 많이 불리는 이름일지도 모른다. 오늘 하루를 돌아보니 수십 번은 그 이름으로 불린 듯하다. '엄마'라는 단어가 귓가에 맴돈다. 문득 내 하루를 가득 채우고 있는 아이들과의 시간이 감사하게 느껴진다.

'엄마!', '어엄~마', '엄마~'. 도움이 필요할 때, 깜짝 놀랄 때, 나 좀 봐달라 할 때. 하루에도 몇 번씩 불려졌을 이 두 글자를 나는 얼마나 귀 기울여 들었을까? 생각이 여기에 미치자 미안한 마음이 고개를 든다. 죄책감이다. 내 역할에 집중하고 있지 못함에 대한 자기반성이다. 너희들과 살부비며 울고 웃는 이 시간이 과연 얼마나 남았을까? (구**님)

22일 차 나를 표현하는 말들

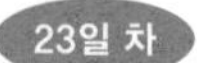

나의 장점 쓰기

23일 차 미션은 나의 장점 쓰기다. 내 안의 수많은 이야기를 꺼내려면 내가 가지고 있는 나만의 장점은 무엇인지 잘 파악해야 한다. 나 자신을 잘 돌봐야 한다는 뜻이다. 사회학자 엄기호의 책 『공부 공부』에 이런 말이 나온다.

> "자기 삶을 다루는 데는 무능하기 짝이 없다. 남을 조롱하고 파괴하는 기술은 기가 막히게 발달했지만 자기를 돌보는 언어와 기예는 없다. 자기계발 하느라 새벽부터 밤까지 공부하며 능력을 쌓고 있지만, 계발한다는 자기는 잃어버린 지 오래다."

_『공부 공부』 엄기호 지음, 따비, 14쪽

글쓰기는 '자기 자신을 돌보는 언어'를 찾는 최고의 공부법이다. 내 안에서 끌어올린 글감으로 내 생각을 메모하다 보면 어느새 내가 누구이고, 어떤 사람인지가 더욱더 분명해진다. 글쓰기는 나를 찾고 돌보기에 더없이 좋은 도구이다.

자, 오늘은 그런 나의 언어를 적기 위해 그동안 꽁꽁 숨겨왔던 깜짝 놀랄 만한 나의 장점을 열심히 찾아보자. 처음이라 낯 뜨거울 수도 있지만 내 안의 장점 찾기야말로 내 글을 더욱 근사하게 만들고 나를 근사한 사람으로 이끄는 길이다.

23일 차 미션

1. 나에 대해 잠시 생각해본다.
2. 나의 장점을 마음속으로 되뇌어본다.
3. 먼저 세 가지 장점을 쓰고 그 이유를 덧붙여보자.

참가자 예시

나의 장점 쓰기

첫 번째, 감정에 솔직하다.

좋고 싫음이 분명하고, 그 순간의 기분을 숨기지 못한다. 좋을 때는 적극적인 나로 변신하여 무엇이든 즐겁게 임한다. 반면에 싫을 때는 칼 같다. 표정이 어두워지는 것은 물론 내 감정을 못 이겨 불만이 생긴 부분에 대해 솔직하게 이야기를 해버린다.

두 번째, 긍정적이다.

어떤 일을 계획할 때 결론을 항상 긍정적으로 설정한다. 물론 걱정되거나 불안한 요소들이 있겠지만 계획과 실행 단계에서는 철저히 배제한다. 그리고 '나는 잘될 거야!', '나는 성공할 거야!'라는 자기암시를 통해 긍정적인 미래를 확신한다.

세 번째, 상대방의 말을 잘 들어준다.

상대방의 말을 듣고 있으면 자연스럽게 어떤 장면이 연상되고, 나라면 어떻게 할까 하는 고민과 상상으로 이어진다. 공감하는 능력도 아주 커 상대방이 자기도 모르게 내면의 이야기를 꺼내는 경우도 많다.

장점을 쓰다 보니 나도 나름 장점을 많이 가진 사람이구나 싶은 안도감이 든다. (고**님)

23일 차 나의 장점 쓰기

최근 가장 행복했던 어떤 날

글쓰기를 할 때 대개 사람들은 우울했던 날의 기억이나 해소되지 않은 내면의 고통을 꺼내놓는다. 결코 그것이 나쁜 소재는 아니다. 하지만 시간이 어느 정도 지나서 그런 감정이나 고통을 글로 정리할 만한 마음의 준비가 되지 않은 상태라면 그 글은 잠시 보류해두기를 권한다. 내적으로 소화되지 않은 고통스러운 이야기를 입 밖으로 꺼내는 것도 힘든 일이지만, 이를 글로 표현하기란 더더욱 버거운 일이기 때문이다.

지금은 내 생각을 글로 표현하는 방법을 메모를 통해 하나씩 배워가는 단계다. 우선 '30일 메모 글쓰기'를 통해 글쓰기에 어느 정도 익숙해지고, 다양한 메모를 활용해서 내 안의 이야기를 비교적 자유롭게 꺼낼 수 있을 때 써도 늦지 않는다. 오늘은 최근에 가장 행복했고 즐거웠던 어떤 하루를 생각해보고 그날의 이야기를 메모로 남겨보자. 즐거웠던 날을 골라보는 것만으로도 글쓰기를 시작하는 마음이 아주 가벼워질 것이다.

24일 차 미션

1. 가만히 눈을 감고 최근 3개월 이내에 가장 즐거웠던 하루를 떠올려본다.
2. 그날 무엇이 나를 행복하게 했고, 오래도록 기억하게 했는지 그 이유를 반추해본다.

참가자 예시

평소보다 일찍 일어나 아침을 든든히 먹고 소지품을 챙긴 뒤 호텔을 나섰다. 밤사이에 내린 비로 낙엽이 우수수 떨어져 있었고, 형광색 작업복을 입은 환경미화원 아저씨는 빗질 소리를 쓱싹쓱싹 내며 낙엽을 한쪽으로 모으고 있었다.

샹 벤투 역 주변은 많은 사람들과 차들로 북적였다. 길을 걷다 마주하는 골목, 파스텔 톤으로 칠해져 있거나 타일로 마감된 건물들 그리고 우리보다 나이가 훨씬 많을 것 같은 잎이 풍성하고 키가 아주 큰 나무들, 이 모든 것을 눈에 담았다.

시선이 닿는 곳곳마다 여유와 낭만이 느껴졌다. 이 낭만적인 순간을 조금이라도 더 담아 가기 위해 셔터를 연신 눌러댔다. 낡았지만 이 도시가 담고 있는 따뜻한 낭만과 아름다움을 오래 느끼고 싶어 그날의 기억을 '가장 즐겁고 행복했던 어떤 날'로 기록한다. (고**님)

24일 차 최근 가장 행복했던 어떤 날

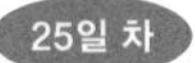

좋아하는 음식 소개하기

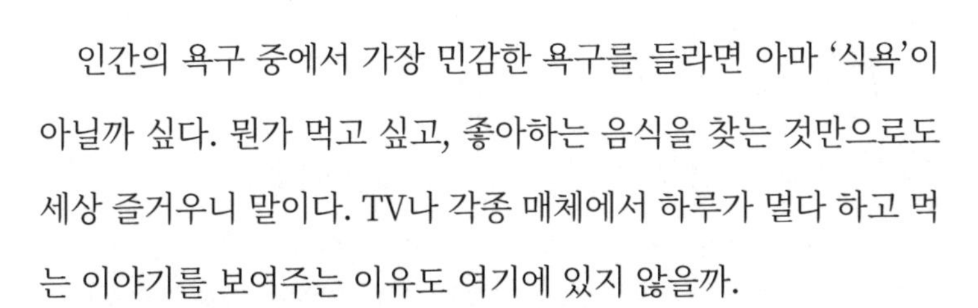

인간의 욕구 중에서 가장 민감한 욕구를 들라면 아마 '식욕'이 아닐까 싶다. 뭔가 먹고 싶고, 좋아하는 음식을 찾는 것만으로도 세상 즐거우니 말이다. TV나 각종 매체에서 하루가 멀다 하고 먹는 이야기를 보여주는 이유도 여기에 있지 않을까.

요즘 맛집 탐방을 취미를 넘어 '업'으로까지 삼는 이들을 심심치 않게 볼 수 있다. 간단한 음식 비평부터 전문가의 포스가 느껴지는 설명까지 곁들여진 이야기를 듣고 있노라면 음식처럼 모두의 입을 즐겁게 하고, 하고 싶은 말이 넘치는 소재가 또 어디 있을까 싶다.

오늘은 음식을 소재로 메모해보자. 단순히 음식을 기록하는 것을 넘어 누군가에게 그 음식에 대해 소개하는 형식으로 메모해보겠다. 그동안 해온 자기 기록적인 메모와는 그 형식이 조금 다를 것이다.

내가 좋아하는 음식에 대해 설명할 때 혀로 느꼈던 맛, 코로 맡았던 냄새, 눈으로 보았던 모습까지 면밀하게 기록해보자. 음식이나 먹거리에 대한 간단한 정보를 검색해서 첨가하는 것도 메모를 더 풍성하게 만드는 방법 중 하나다. 좋아하는 음식을 떠올리는 즐거움 외에 검색하고 알아보는 재미까지 더해질 것이다.

25일 차 미션

1. 평소 내가 가장 좋아하는 음식, 먹거리를 떠올려본다.
2. 좋아하는 음식을 누군가에게 설명한다고 생각하고, 그것에 대한 정보를 넣어서 메모해보자. 이때 포털사이트를 활용하는 것도 좋은 방법이다.
3. 그 음식이나 먹거리에 대한 나의 궁금증을 담아내도 좋다.

참가자 예시

나는 커피를 좋아한다. 그중에서도 카푸치노는 내게 특별한 의미가 있는 커피다. 내가 카푸치노를 좋아한다고 했더니 누군가 카페라테와 어떻게 다르냐고 물었다. 바로 답하기가 쉽지 않았다. 녹색 창에 물어보니 카푸치노나 카페라테나 에스프레소와 우유가 들어간다는 점은 동일하지만 카푸치노는 에스프레소 위에 우유 거품을 올린 것이고, 카페라테는 에스프레소 위에 스팀 밀크를 붓고 우유 거품으로 얇게 덮은 커피란다. 조금 더 구체적인 설명도 있다. 카푸치노는 에스프레소와 스팀 밀크, 우유 거품의 비율이 1:1:1로 들어간 커피고, 카페라테는 에스프레소와 스팀 밀크의 비율이 1:4로 들어가고 그 위에 우유 거품을 조금 얹은 거란다. 머리가 아파올 분들을 위해 쉽게 기억할 방법을 생각해본다. 카푸치노는 카페라테보다 우유는 적으며 거품은 풍성하고, 카페라테는 카푸치노에 비해 우유가 더 들어가고 거품은 적다. 복잡하고 어렵다고 느끼는 분들이 계시다면 간단하게 카푸치노는 거품이 많은 것, 이렇게 기억해두면 좋다. (고**님)

25일 차 좋아하는 음식 소개하기

인생에서 가장 기억에 남는 친구

노희경 작가의 인터뷰를 본 적 있다. 글에 대한 소재는 어디에서 얻느냐는 질문에 그녀는 "가장 만나고 싶은 사람, 가장 안쓰러운 사람"을 떠올린다고 답했다.

한 사람이 한 권의 책이라는 말이 있다. 그만큼 한 사람이 가지고 있는 이야기의 소재가 무궁무진하고, 한 사람에 관해 쓸 말이 많다는 것이다.

오늘은 내 인생에서 가장 기억에 남는 친구를 떠올려보고, 그 친구에 관한 이야기를 메모로 풀어보겠다. 지금도 만남을 유지하고 있는 친구도 좋고, 아닌 친구도 괜찮다. 그 친구가 가장 기억에 남는 이유와 그 친구에게 하고 싶은 이야기를 적어보자.

더불어 성격과 외모, 말투 등 평소 그 친구에게서 보여지는 면들과 느껴지는 부분도 살짝 언급해보자.

26일 차 미션

1. 그동안 만나온 친구들 중에서 가장 기억에 남는 친구를 한 명 떠올려본다.
2. 그 친구의 평소 말투, 성격, 외모 등을 적어본다.
3. 그 친구와 관련된 가장 기억에 남는 일이나 에피소드를 떠올리고 그 이야기를 적어본다.

참가자 예시

내 사랑하는 친구 황정순

가장 기억에 남는 친구라니 고등학교 3년 동안 딱 붙어서 다녔던 단짝 친구가 생각난다. 나보다 키가 20센티나 크고 덩치도 크지만 말수가 적고 수줍음과 부끄러움이 많았던 친구. 그 친구는 내 아버지와 이름이 같았다. 황정순, 처음 그 친구를 학교에서 만났을 때 아버지와 이름이 같아서 신기하기도 하고, 웃기기도 했다. 황씨도 드문 성인데 이름까지 같다니 우연이 아닌 인연이 아닌가 싶기도 했다.

고등학교 3년 내내 학교와 기숙사 생활을 해야 했던 우리는 힘들 때마다 서로가 서로에게 의지하고 힘이 되어주고 챙겨주었다. 고등학교를 졸업한 지 벌써 25년이 지났다. 친구는 졸업 후 취업을 했고 대학 진학을 해서 한동안 바쁘게 살았다. 5~6년에 한 번씩 전화로 연락을 하다가 작년 여름 아이들과 남편이 집에 없던 날 우리는 함께 저녁을 먹고 하룻밤을 보냈다. 얼굴을 마주한 지 7년 만이었지만 어제 본 듯 친숙함과 편안함이 느껴졌다. 수더분하고 성실하고 정직한 내 친구 '황정순'. 난 이 친구가 참 좋다. 보고 싶다. 사랑한데이. (황**님)

26일 차 인생에서 가장 기억에 남는 친구

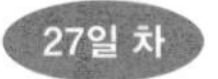

글쓰기를 위한 독서 메모 4

나는 글이 잘 써지지 않을 때 다른 사람이 쓴 책을 본다. 좋아하는 책을 꺼내 마음 내키는 곳을 펼쳐서 몇 페이지 읽다 보면 다시 내 글에 집중하게 되고, 잘 안 풀렸던 부분도 이내 쉽게 풀리곤 한다.

나에게 독서는, 특히 내 인생의 책 한 권은 아이디어 창고이자 글쓰기 감옥으로부터의 피난처이기도 하다. 그런 의미에서 독서는 나를 확장시키는 도구이고, 글쓰기는 나를 집중하게 하는 도구다. 이 둘은 역시 떼려야 뗄 수 없는 관계다.

네 번째 독서 메모에서는 '내 인생의 책'이라 할 수 있는 책 한 권을 소개해보자. 최근에 읽었던 책도 좋고, 오래전에 읽었던 책도 좋다. 책에서 가장 인상적인 한 문장, 읽고 난 후의 느낌과 내 인생의 책이라고 선정한 이유 등을 메모해보자.

'30일 메모 글쓰기'를 할 때가 아니더라도 이 '내 인생의 책' 소개는 한 해를 마무리할 때 꼭 한번 해보기를 권한다.

27일 차 미션

1. 그동안 읽었던 책 중에서 내 인생의 책이라 할 수 있는 책 한 권을 선택한다.
2. 그 책에서 가장 인상적이었던 문장을 찾아본다.
3. 그 책을 읽었을 때의 느낌과 인생의 책으로 꼽은 이유 등을 적어본다.

참가자 예시

• 내 인생의 책

『죽음의 수용소에서』 빅터 프랭클 지음

• 선정한 이유

20년 전에 처음 읽고 감명받았던 책인데 올해 고3 아이들과 '한 달에 한 권 읽기' 독서 동아리를 하면서 함께 읽은 책이다. 나치 치하의 유대인 수용소에서 살아남은 프랭클 박사의 생생한 이야기다. "왜 살아야 하는지 아는 사람은 그 '어떤' 상황도 견딜 수 있다"는 니체의 말을 인용하면서 주어진 환경에서 자신의 태도를 결정하고 자기 자신의 길을 선택할 수 있는 자유만은 빼앗길 수 없다는 것을 강조하고 있다. 인생의 의미와 목적 및 가치에 대해 다시 한번 깊이 생각하도록 만들어준 책이다.

사는 것이 힘들거나 고달프다고 생각되거나 때때로 무의미하게 느껴지는 사람이 있다면 일독을 권한다. 함께 읽었던 학생들도 인생 책이 될 것 같다고 이야기해주어 뿌듯했다.

(김**님)

27일 차 글쓰기를 위한 독서 메모 4

• 내 인생의 책
• 선정한 이유

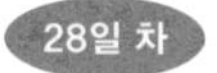

내가 가장 좋아하는 공간

건축가 유현준 교수는 다양한 매체와 책을 통해 '공간'의 중요성에 대해 이야기한다. 그는 특히 규격화되고 천편일률적인 모양의 학교에서 창의성이 쑥쑥 자라나는 아이들을 기대하기란 어렵다고 단호하게 말한다. 최소한 아이들이 오랜 시간 머무르는 학교만이라도 여러 가지 모양의 공간을 마련하여 아이들이 다양한 사고, 나아가 창의적인 사고를 할 수 있도록 해야 한다고 말한다.

글쓰기 역시 마찬가지다. 공간을 달리하면 이전과는 다른 생각, 다른 느낌을 받을 수 있다. 같은 브랜드의 커피숍이라도 매장마다 지역마다 느낌이 다 다르다. 다양한 공간에서 다양한 생각을 하고 이를 내 글쓰기에 영감을 주는 수단이나 글감으로 활용한다면 이 역시 즐거운 글쓰기의 한 방법이 된다.

내 취미 중 하나는 서울의 도서관이나 책방, 유명한 거리를 돌아다니는 것이다. 강북의 웬만한 도서관은 이미 다 가보았고, 책방이나 이름난 거리도 시간만 나면 가곤 한다. 다양한 공간이 뿜어내는 여러 이야기를 정리하다 보면 메모하고 싶은 것이 수천수만 가지가 나온다.

오늘은 내가 가장 애정하는 공간을 떠올려보고 그 공간의 이야기를 메모로 남겨보자.

28일 차 미션

1. 최근 자주 가는 공간이나 기억에 남는 공간, 좋아하는 공간을 떠올려본다.
2. 그 공간을 기억하는 이유, 자주 가는 이유도 함께 적어본다.
3. 그 공간이 나에게 주는 즐거움과 만족감에 대해서도 메모해보자.

참가자 예시

나의 아지트

우리 동네에는 대형 서점이 하나 있다. 우리 집에서 그 서점으로 가는 딱 중간 지점에 있는 커피숍이 나의 아지트다. 여느 커피숍과 다를 바 없는 프랜차이즈 커피숍인데 페이코 결재 시 아메리카노와 라테에 한해 50% 할인해준다는 말에 혹해서 다니기 시작한 것이 지금까지 이어지고 있다. 이곳에는 열두 명 정도 앉을 수 있는 커다란 원목 테이블이 있는데 그 테이블 구석이 나와 지인들의 지정석이다. 다닥다닥 붙은 테이블 간격보다 못 견디겠는 건 수평이 맞지 않아 까딱거리는 작은 테이블이다. 잘 모르고 커피를 놓다가 음료를 쏟은 경험이 있어서 그런가 단단하고 커다란 원목 테이블은 내가 이곳을 찾는 이유 중 하나다. 그 테이블 뒤로 픽업 데스크가 있어서 드문드문 온 지인들이 한꺼번에 주문한 커피 받기엔 딱이다.

사람이 많은 주말 오후나 저녁 시간만 피하면 한가하고 여유롭다. 귀청 떨어지게 음악을 크게 틀어대지도 않아서 말할 때마다 내가 대화를 하는지 고함을 지르며 쌈을 하는지 헛갈리지 않아서 좋다. 최근에는 남자 알바생이 왔는데 라테 아트가 뭉그러져 보따리 모양이다. 앞으로 나아지겠지 하며 뜨거운 라테 한 모금을 꿀꺽한다. (최**님)

28일 차 내가 가장 좋아하는 공간

내 생애 가장 기억에 남는 여행

여행은 가장 완벽한 글감이다. 많은 사람이 일상에서 해결되지 않는 고민을 풀고자 할 때 여행을 떠난다. 여행은 자신을 낯선 장소와 공간에 풀어놓은 후 전혀 새로운 나를 만나게 하는 계기와 기회를 마련해 준다. 여행을 통해 인간은 새로운 환경에 대응하는 자신의 낯선 모습을 조우한다. 낯선 환경과 공간이 주는 긴장감은 그동안 미처 정리되지 않았던 생각을 갈무리할 수 있게 해주고, 풀리지 않았던 고민에 집중하게 해준다. 따라서 자기 생각을 고스란히 담아내는 과정인 글쓰기에서 여행은 아주 중요한 소재이다.

여행을 다녀온 이들이 하나같이 하는 말이 있다. 그때 그걸 기록했어야 했는데 지금 생각하려니 하나도 기억이 안 난다는 말이다. 바쁜 여행 일정 중에 메모를 하기가 힘들고 번거롭다면 사진을 찍거나, 휴대폰의 녹음 기능을 이용해 녹음하거나, 메모장을 열어 한 줄 메모 정도로라도 남겨두자. 여행에서 돌아왔을 때 이것들을 하나씩 꺼내어 글로 정리하다 보면 멋진 여행기 한 편쯤은 그냥 쓰게 될 것이다.

오늘은 내 생애 가장 기억에 남는 여행에 관해 메모를 남겨보자. 잊지 못할 풍경, 함께했던 사람, 인상적이었던 공간 등 그 모든 것을 하나하나 기록하다 보면 여행지에서 받았던 느낌이 오래도록 기억될 것이다.

29일 차 미션

1. 가장 기억에 남는 여행지를 떠올려본다. 장거리 여행, 해외여행이 아니어도 좋다. 일상에서 잠깐 했던 짧은 여행도 좋다.
2. 그 여행에서 본 것, 들은 것, 느낀 것을 차례로 메모해보자.

참가자 예시

8월에 기억에 남는 좋았던 일은 뜻하지 않게 초대되어 1박 2일 무창포 여행을 다녀온 것이다. 지난 3월 말 즈음 딸아이와 찾았을 때는 매서운 칼바람으로 우리를 맞이했던 무창포, 이번이 두 번째 방문이다.

분당에서 네 시쯤 출발해 저녁 즈음 도착해 마주한 서해 바닷가, 휴가철 막바지여서 덜 붐비고 고즈넉한 분위기의 바다는 흉내 낼 수 없는 고운 빛깔의 석양을 품고 여행객인 우리를 맞이해주었다. 무창포 끝자락에 위치한 리조트에서 바라보는 낙조는 여태 살아오면서 내가 본 바닷가 낙조 중 단연 으뜸이었다. "아! 좋다"를 연신 내뱉는 저마다의 입들.

저녁으로 회와 소주 몇 잔을 나누고 바닷가를 걷다 동심으로 돌아간 지인이 불꽃놀이를 제안했다. 기다란 막대기 끝에 불이 붙는 순간 우리는 타임머신을 탄 것처럼 중년에서 10대로 돌아가 있었다. 누군가 흘러간 포크송을 흥얼거리기 시작했고 무창포는 우리들의 작은 노랫소리로 늦은 시간까지 잠들지 못했다.

설렘 속에 미리 준비하고 떠나는 여행도 좋지만 느닷없이 떠나는 여행은 예기치 못한 일들이 있어 색다른 재미가 있다. 이렇듯 마음 맞는 사람들과의 행보는 더욱 그렇다. 반백 아줌마들이 밤늦도록 백사장에서 라이브로 노래하고 불꽃놀이를 할 줄이야. (윤**님)

29일 차 내 생애 가장 기억에 남는 여행

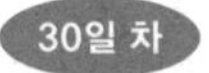

30일간의 메모 셀프 체크

'30일 메모 글쓰기'의 마지막 날이다. 그동안 다양한 방식의 메모를 통해 내 일상에서 어떤 식으로 글쓰기를 좀 더 쉽게 익히고 습관화할 수 있는지 감을 잡았으리라 생각한다. 하소연과 넋두리로 가득한 해소용 메모보다는 한 가지 주제나 소재에 집중해서 써보는 메모가 글이 되는 메모의 시작이다. 다양한 형식의 메모를 통해 평범한 일상에서도 충분히 좋은 글을 남길 수 있음을 깨달았을 것이다.

마지막 날인 오늘은 30일간 메모한 횟수, 가장 쓰기 어려웠던 메모, 가장 쓰기 쉬웠던 메모를 체크해보자. 이 과정을 통해 자신이 어떤 방식으로 글을 쓸 때 좀 더 쉽고 편안한지 가늠해보길 바란다. 더불어 30일간의 메모를 통해 얻은 점, 아쉬웠던 점을 남기면서 앞으로의 글쓰기 계획도 세워보자.

30일 차 미션

1. 30일간 몇 개의 메모를 했는지 체크해본다.
2. 가장 쓰기 쉬웠던 메모와 어려웠던 메모를 선정해본다.
3. 30일간 메모를 하면서 얻은 점과 아쉬웠던 점도 함께 적으며 앞으로 글쓰기 계획도 세운다.

참가자 예시

한 달 동안 30개의 메모를 했다. 가장 쓰기 쉬웠던 메모는 '음식'에 대한 메모였다. 음식 이야기를 이전에 메모했던 방법인 오감과 연결하여 과거의 느낌, 현재의 느낌을 표현해봤더니 참 좋았다. 음식은 옳고 그름의 판단 기준보다는 개인의 기호라고 할 수 있으니 남의 시선을 많이 의식하지 않아도 된다는 장점이 있어서 쓰기 편했다. 반면 쓰기 어려웠던 메모는 '가장 행복했던 어떤 날'에 대한 메모였다. 매일이 비슷한 날이기에 딱 하루를 잡기가 쉽지 않았다.

30일간 메모를 하면서 가장 좋았던 점은 글을 쓰는 이유나 절대시간을 찾아보는 첫 주였다. 매번 해야지 해야지 생각만 했는데 이번에 직접 실천해서 큰 의미가 있었다. '30일 메모 글쓰기'는 나의 정체성에 대한 질문에 답을 찾아가는 과정이었다. 메모를 하면서 다른 사람들에게 나를 표현하는 게 쉬워졌다. 단편적인 나의 모습들이 정리된 기분이 들었다.

(박**님)

30일 차 30일간의 메모 셀프 체크

4장

짧은 메모를 한 편의 글로 바꾸는 비법

지금까지 30일 동안 다양한 메모를 통해 글쓰기 훈련을 했다. 1단계에서는 글을 쓰는 이유와 오감 열기, 하루 10분 몰입 메모 등을 통해 잠들어 있던 글쓰기 근육을 깨웠고, 2단계에서는 다양한 장르(시, 소설, 에세이, 드라마, 비문학 도서 등)의 글을 첫 줄로 사용하여 글쓰기에서 가장 악명 높은 '첫 문장 공포'를 극복하고자 했다. 3단계에서는 사진, 사전, 음악, 그림 등 여러 매체를 활용해서 글쓰기를 좀 더 쉽게 익히려고 노력했다. 4단계에서는 나에 대해 깊이 알고, 내 안의 여러 가지 글감을 꺼내 메모하면서 나만의 언어를 만들고 표현해봤다.

'30일 메모 글쓰기'는 일상적인 '일기 쓰기'나 '단순한 기록'과는 다르다. 단계별로 내 안의 글감을 꺼내는 훈련은 굳어 있는 글쓰기 근육을 풀어주고, 매일 한 장의 메모를 통해 지속 가능한 글쓰기 습관을 몸에 익히는 여정이다. 어렵게만 느껴졌던 글쓰기를 보다 쉽고 간단하게 생활 속에서 할 수 있는 방법과 기술을 익히는 과정이기도 하다. 하지만 글쓰기는 사람마다

체감지수가 다르다. 누군가는 30일의 과정을 마쳐도
여전히 글쓰기가 어렵게 느껴질 수 있고 30일만으로는
글쓰기 습관을 정착시키지 못한 이들도 분명히 존재할
수 있다. 만약 당신이 그렇다면 좌절하지 말고 다시
한번 30일 과정을 되풀이해볼 것을 제안한다.
자, 그럼 이제 꾸준히 했던 30개의 메모를
가지고 본격적인 글쓰기로 들어가보자.

메모를 한 편의 글로 발전시키고 싶다면

한 달간 메모 글쓰기를 함께한 글벗님이 이런 글을 남겼다.

> "30일간 글이 되는 메모를 통해 글쓰기 습관이 정말 자연스럽게 몸에 붙었어요. 매번 시도만 하다 실패했는데 요즘은 시도 때도 없이 메모를 하고 있는 저를 발견하게 되네요."

30일 동안 메모를 꾸준히 하고 나면 자연스럽게 이런 반응이 터져 나온다. 누가 시킨 것도 아닌데 매일 주변을 둘러보고, 사람들의 이야기를 유심히 듣고, 그냥 읽기만 했던 책에 밑줄을 긋는다. 그리고 그것을 하나하나 옮기고, 이것저것 시도 때도 없이 끄적이는 나를 발견하게 된다.

자, 이제 그동안 써왔던 짧은 메모를 활용해 한 편의 글을 완성해보자. 우선 30개의 메모 중 하나를 골라보자. 본인이 생각하기에 가장 잘 쓴 메모도 좋고, 쓰기 쉬웠던 메모도 좋다. 하나의 메모를 골랐다면 이제 이 메모에 '살'을 붙여보자.

예를 들어, 아래와 같은 사진 메모를 하나 골랐다고 해보자.

★오늘 문득

출근하면 자동으로 착용하게 되는 보라색 리넨 앞치마.
지금부터 일에 집중하겠노라고 뇌에 보내는 하나의 신호다.
오늘은 날씨가 눈부시게 화창해 이 보라색 앞치마를 꼭 찍어놓고 싶었다. (최**님)

이 메모를 좀 더 발전시키기 위해 어떤 내용을 덧붙일 수 있을까 생각해보자. 예컨대 보라색 리넨 앞치마를 고른 이유, 보라색이 나에게 주는 느낌, 일을 시작하기 전에 하는 하루 의식, 이 앞치마를 입고 어떤 일을 하는지 등을 덧붙일 수도 있다. 이렇게 선택한 메모에 어떤 내용을 보완할 수 있을지 최대한 많이 적어보자.

이 방법은 창의력을 발현시키는 데 효과적인 '브레인스토밍 기법'이다. 브레인스토밍 기법은 하나의 주제나 소재를 가지고 꺼낼 수 있는 최대한의 이야기를 모두 꺼내놓고, 이후 주제나 소재에서 벗어난 것을 하나씩 지워가는 방법이다. 이때 해당 주제나 소재에 대해 다양한 매체의 자료를 찾아보는 것도 좋다. 다른 이들이 쓴 글이나 책 내용을 인용해서 발췌하는 것도 가능하다.

이야깃거리를 최대한 많이 모아놓고 그중에서 내가 이번 메모에서 하고자 했던 이야기와 관계가 없거나 주제와 동떨어진 것을 하나씩 지워나간다. 최종적으로 두세 가지 보충할 것들을 선별한 후 그것에 대해 쓴다. 메모 내용을 보완할 때는 최대한 자세하게 쓰는 것이 좋다. 다소 길어져도 괜찮다. 글을 줄이는 것이 늘리는 것보다 언제나 쉽다.

앞에서 예로 들었던 '오늘 문득' 메모는 다음과 같이 좀 더 발전시킬 수 있다.

★오늘 문득

출근해서 내가 제일 처음 하는 일은 한쪽에 놓인 여러 개의 앞치마를 보면서 오늘 입을 앞치마를 선택하는 것이다. 오늘은 어떤 색 앞치마를 착용할까? 약 0.3초간 고민한 후 보라색 리넨 앞치마를 선택했다.

보라색은 나를 설레게 한다. 하루 종일 나무와 씨름해야 하는 나는 오후쯤 되면 약간 방전이 된다. 그때마다 나는 그날 착용하고 있는 앞치마를 쳐다보곤 한다. 그래서 특히 할 일이 많은 날은 '보라색 앞치마'가 좋다. 오후 방전 시간을 좀 더 늦출 수 있기 때문이다. 출근 후 입는 앞치마는 '지금부터 일에 집중하겠노라'고 뇌에 보내는 하나의 신호다.

이렇게 보충한 메모는 반드시 소리 내어 읽어보길 바란다. 나는 가끔 '글이 되는 30일 메모 학교' 참가자들에게 자신이 쓴 글을 소리 내어 읽은 후 녹음해서 제출하라는 이벤트 미션을 내준다. 자신이 쓴 글을 소리 내어 읽어보면 잘못 쓴 문장을 찾아낼 수 있다. 소리 내어 낭독하기는 수정과 퇴고의 첫 번째 과정이기도 하다.

짧은 메모에 보완할 것들을 정리한 후 '살을 붙이는 과정'을 거친 다음, 내가 글을 통해서 말하고자 하는 주제나 이야기를 두 가지 방법으로 정리한다. 하나는 직접 쓴 글 안에서 주제 문장(핵심 문장)을 찾아 다른 색깔 펜으로 직접 표시하는 방법이고, 다른 하나는 말하고 싶었던 이야기를 두세 줄로 요약하는 방법이다.

위의 예시 글은 글 속에 명확하게 주제 문장이 드러난 경우이기에 핵심 문장에 직접 표시하는 첫 번째 방법이 좋다. 하지만 자기 생각과 주제를 문장에 직접적으로 드러내지 않는 경우도 있다. 은유적인 표현과 문장을 통해 독자 스스로 깨달을 수 있도록 쓴 글도 있다. 그런 글에는 두 번째 방법이 좋다. 다음 글이 그런 경우다.

★엄마의 빈자리

돌아가시고 나니 엄마가 내 인생의 전부였다는 생각이 든다. 2014년 2월 장례식이 끝난 다음 날부터 엄마의 빈자리가 느껴졌다. 엄마와 함께한 5년의 투병 생활과 다시는 경험하고 싶지 않은 호스피스 병동에서의 3개월 병원 생활로 지쳐가고 있던 나는 그 시간이 빨리 끝나기를 바라기도 했다.

그런데 막상 돌아가시고 나니 엄마가 내 인생의 전부였다는 것을 깨닫고는 한없이 무너져내렸다. 막내딸인 내게만 마음을 의지했던 엄마 때문에 힘들다고 투덜거렸는데, 내가 엄마에게 모든 것을 의지하고 살았다는 것을 뒤늦게 깨달았다. 엄마를 위로하며 내 마음도 다독이고, 엄마가 툭툭 던졌던 말 한마디에 힘든 마음이 풀어졌다는 것도 몰랐다. 엄마를 위한다며 자주 통화를 했던 것이 결국은 혼자 작업하는 나에게 위로가 되었다는 것도 나중에 알았다. 엄마에게 했던 모든 것들은 결국 나를 위한 것으로, 어쩌면 나 때문에 엄마가 더 많이 힘들었을지도 모른다는 생각이 든다. 내 손톱 밑의 가시가 더 아프다는 말의 뜻을 이제야 알 것 같다.

엄마가 돌아가시면서 우리 팀은 해체됐다. 팀의 해체를 알고 있었지만, 해체 후 어떤 상황이 올지는 전혀 몰랐다. 엄마는 나의 든든한 지지대였고, 바람막이였고, 나를 지켜주는 커다란 보호막이었다는 것을 너무 뒤늦게 깨닫고는 마음이 무너졌다. 뻥 뚫린 가슴으로 허허벌판에 서 있는 것 같았다. 등이 시리고 어딘가에 한없이 기대고 싶은데 기댈 곳도 없었다. 그토록 원하던 엄마로부터의 독립이었는데, 이제 진짜 혼자라는 느낌이 들어 무섭고 두려웠다. 혼자서도 잘 산다고 뻐겼던 내 마음과 몸의 세포들도 다 멈추어버린 거 같았다. 머릿속이 텅 비어 한동안은 예전에 했던 일들이 생각나지 않았다. 엄마가 돌아가신 후에 어떻게 살지에 대한 계획을 세워두었지만, 계획으로 꽉 찬 노트는 쳐다보지도 않았고, 그냥 되는대로 살았다. (강**님)

위의 글에서 내가 쓰고자 했던, 표현하고 싶었던 주제나 메시지를 요약해보자. 한 줄에서 세 줄 정도가 적당하다. 위의 글은 아래와 같이 요약해볼 수 있다.

엄마가 돌아가시고 난 후, 내가 엄마에게 모든 것을 의지하고 살았다는 것을 뒤늦게 깨달았다. 엄마가 나의 든든한 지지대였고, 바람막이였고, 나를 지켜주는 커다란 보호막이었다는 것을 돌아가신 지 6년이 지난 지금도 느낀다.

이렇게 자신이 쓴 글을 다시 두세 줄로 요약하거나 글 속에서 핵심 문장이나 주제 문장을 직접 찾아보는 것은 내 생각을 구체적으로 글에 잘 녹여냈는지 살펴보는 데 아주 유용하다.

글을 모호하게 쓰거나 내가 하고 싶은 말을 글로 잘 표현하기 어려운 사람에겐 이 방법을 적극 권장한다. 더불어 남에게 읽힐 때는 말하고자 했던 주제를 따로 요약·첨부하여 그것이 글에 잘 드러나는지 듣는 사람에게 물어보는 것도 효과적이다.

한 편의 글을 쓸 때는 가능하면 작은 주제 하나씩만 담는 것이 좋다. 메모 학교의 참가자가 무척 자주 하는 실수 중 하나도 바로 이 부분이다. 한 편의 글에 너무 많은 주제를 담으면 글의 집중도가 떨어져서 글쓴이가 전달하려는 메시지나 주제, 본연의 의도와 의미가 제대로 전달되기 어렵다. 또 내가 진짜 말하고자 했던 주제에서 벗어나 옆길로 새는 경우도 흔하게 발생한다.

그렇다면 작은 주제를 하나만 담으려면 어떻게 해야 할까? 다음과 같은 방법이 유용하다.

예를 들어 '사과'에 대한 글을 쓴다고 가정해보자. '사과'라는 키워드만 생각하면 쓸 수 있는 글감은 엄청나게 많다. 하지만 '사과'로 내가 쓰고 싶고 말하고 싶은 이야기를 문장으로 만들어보면 상황은 달라진다.

- '나는 사과를 좋아한다.'
- '나는 사과를 싫어한다.'
- '나는 매일 아침 사과를 먹는다.'

이런 식으로 문장으로 표현하면 그냥 '사과'라는 키워드를 놓고 글을 쓸 때보다 써야 할 글감의 주제와 폭이 훨씬 줄어들고, 무엇을 써야 할지도 명확해진다.

한 편의 글에는 작은 주제 하나면 충분하다. 그래야 읽는 사람도 쓰는 이가 말하고자 하는 바에 집중할 수 있고, 쓰는 이 역시 그럴 수 있다.

첫 문장과 제목은 어떻게 정해야 할까?

"첫 문장이 제일 어려워요."

"모든 사람이 좋아할 만한 제목은 어떻게 뽑나요?"

메모하기가 어느 정도 습관이 돼서 본격적으로 글쓰기에 도전하는 사람이 가장 고민하는 점이 바로 '첫 문장'과 '제목'이다. 예전부터 이 두 가지는 글 쓰는 사람들의 최대 고민거리였지만 요즘처럼 읽을 수 있는 매체와 플랫폼이 늘어난 시대에는 그 중요성이 더 커졌다. 제목과 첫 문장을 어떻게 쓰느냐에 따라 다른 글처럼 느껴지기도 하고, 더 많은 이들에게 읽히냐 마느냐가 결정되기도 한다.

앞에서 짧게 쓴 메모를 보완하여 어느 정도 글의 형태로 발전시키는 연습을 해보았다. 이제부터는 내 글이 좀 더 많은 이들에게 잘 읽힐 수 있도록 간단한 '기술'을 발휘해보자. 우선 어느 정도 완성된 글에서 첫 문장으로 쓸 만한 문장 한두 개를 뽑는다.

아래 예시는 인기리에 방영되었던 한 예능 프로그램을 보고 가장 인상적인 한 장면에 대해 쓴 메모다. 걸그룹 핑클 멤버들(이효리, 옥주현, 이진, 성유리)이 오랜만에 뭉쳐서 일주일간 함께 여행한 후 팬들을 위해 작은 공연을 하기로 결정했다. 연습실에 다시 모여 옛 기억을 더듬으며 안무 연습을 하고 있을 때 핑클 활동 당시의 매니저가 연습실에 찾아왔다. 그 장면을 메모로 남겼다.

한 예능 프로그램에서 핑클 멤버들이 전 매니저를 만났다. 핑클의 최전성기였던 10대 후반과 20대 초반을 함께했던 매니저라고 했다. 그런데 웬일인지 멤버들은 그에게 미안한 마음을 표현하기 시작했고 급기야 사과의 말을 전했다. 사연인즉 한창 놀고 싶을 나이였던 당시의 그녀들은 하루에도 10여 개의 스케줄을 소화하며 전국의 공연장을 누볐다고 한다. 각종 스케줄로 인해 제대로 잠도 못 자고 먹지도 못했던 그녀들은 예민한 말로 서로에게 상처를 주었고 어느 날 이동하는 차 안에서 크게 싸웠다고 한다. 보다 못한 매니저는 그녀들이 싸울 동안 차에서 잠시 내렸는데 그녀들은 기회는 이때다 싶어 매니저를 홀로 남겨두고 차를 몰고 도망쳤다고 한다.

당시 멤버들이 전원 없어지는 바람에 매니저는 크게 곤혹을 치렀다고 한다.
핑클 멤버들은 매니저가 연습실에 들어서자마자 당장 석고대죄해야 한다는 말로 당시의 미안한 마음을 전했다. 다시 한번 정식으로 사과의 말을 전하자 그는 도리어 "그때는 너희가 나한테 말고는 풀 데가 없었어"라며 오히려 당시 어린 나이에 엄청난 스케줄을 감당했던 그녀들을 위로했다. (최**님)

위의 글에서 첫 문장을 고른다면 어떤 문장이 좋을까? 첫 문장은 가장 강렬하게 내 글의 주제를 피력하는 문장이 좋다. 첫 문장을 고르기에 앞서 우선 앞서 익혔던 대로 글에서 전달하고자 했던 주제나 메시지를 요약해보자.

철모르던 20대 때 한 행동을 반성하는 핑클에게 전하는 옛 매니저 오빠의 따뜻한 말 한마디

위의 요약문이 글쓴이가 전하고자 하는 주제와 메시지라면 이에 잘 부합하는 문장을 찾아보자. 글쓴이의 의도와 주제를 가장 잘 전달할 수 있는 문장이라면 첫 문장이 될 만하다. 이 메모의

핵심 내용은 철모르고 했던 20대 때의 행동에 대한 반성이고, 그에 대한 매니저의 말이 핵심 문장이다. 그러니 메모 안에서 첫 문장을 찾아본다면 다음 문장을 꼽을 수 있겠다.

그때는 너희가 나한테 말고는 풀 데가 없었어

위의 문장을 첫 문장으로 삼은 뒤 뒤이어 연결되는 부분을 자연스럽게 낭독하면서 어색한 부분을 고치면 된다.

첫 문장을 정했으니 이번에는 이 글의 제목을 붙여보자. 제목을 잘 붙이는 요령에는 두 가지가 있다. 첫째, 내용의 일부만 살짝 공개하는 방법이다. 이는 호기심을 자극해 제목만 봐도 글을 읽고 싶은 충동을 느끼게 한다. 둘째, 아예 처음부터 모든 것을 공개하는 방법이다. 이 두 가지 중 본인의 글 스타일에 맞게 취사선택하면 된다.

제목 뽑기를 잘하려면 무엇보다 평소 책의 목차와 제목을 눈여겨보는 연습이 필요하다. 좋은 제목과 목차는 따로 정리한 후 그걸 참고하여 연습하기만 해도 큰 도움이 된다. 제목과 목차만 바뀌어도 글이 완전히 달라지는 경험을 만끽할 것이다.

앞의 글에 두 가지 방법을 적용해서 제목을 붙여 본다면, 이렇게 세 가지 정도가 될 듯하다.

① 기회는 이때다. 핑클, 탈출하다!
② 핑클을 위로한 한마디
③ 철없던 핑클을 소환하다

메모를 그냥 메모에 머물게 두지 말자. 근사한 첫 문장을 만들어주고, 멋진 제목도 붙여보자. 그렇게 하면 한 장의 메모가 점점 좋은 글로 발전해나간다.

거듭 강조하지만 첫 문장은 결코 '처음에 쓰는 문장'이 아니다. 첫 문장은 글을 어느 정도 완성하고 난 후 내가 쓴 글 중에서 가장 좋은 문장을 골라도 되고, 내가 쓴 글이 잘 표현될 수 있는 '인상적인' 문장으로 새로 써도 된다.

내 글이 누군가에게 읽힐 때 가장 중요한 요소 중 하나인 '첫 문장'을 그날의 기분에 맡기려 하지 마라. 첫 문장은 반드시 글을 어느 정도 쓴 후 새로 쓰거나 글 안에서 고르자. 이 책에서 제시안 다양한 메모와 글쓰기에 관한 방법 중 이것 하나만은 반드시 기억하길 바란다.

'첫 문장과 글의 제목은 가장 마지막에 쓰는 문장이다.'

독서 메모를 활용한 서평과 독후감 쓰기

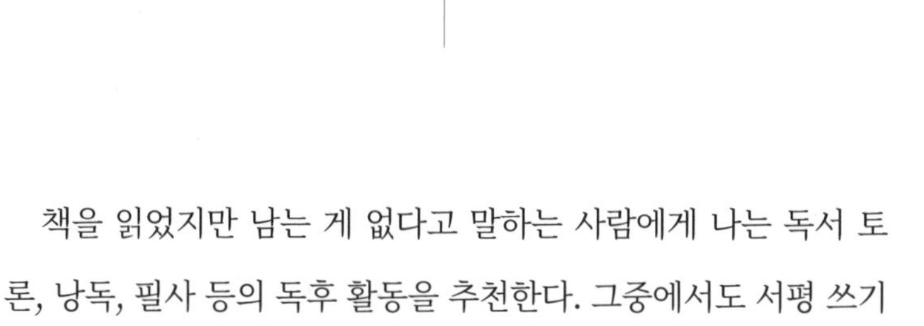

책을 읽었지만 남는 게 없다고 말하는 사람에게 나는 독서 토론, 낭독, 필사 등의 독후 활동을 추천한다. 그중에서도 서평 쓰기가 책을 오랫동안 기억하는 가장 좋은 방법이라고 말하곤 한다.

서평 쓰기는 다른 글쓰기에 비해 공이 많이 들어간다. 우선 책을 읽어야 하고, 독서 메모가 반드시 있어야 한다. '30일 메모 글쓰기'를 하는 동안 주 1회 독서에 관한 여러 가지 메모를 했다. 매일 조금씩(권장 독서 시간은 하루 10~30분 정도) 책을 읽은 후 가장 인상적인 문장을 기록하고 그 문장에 대한 자신만의 생각을 기록하는 메모도 해보았고, 앞의 방법을 유지하면서 책 내용 중에서 궁금했던 것에 대해 질문을 덧붙여보는 메모도 해보았는데 이는 책을 더 깊이, 적극적으로 읽는 방법이다. 더불어 완독한 책, 1/2 이상 읽은 책, 1/2 이하 읽은 책으로 구분해서 자신의 독서 패턴이나 습관을 되돌아보는 독서 메모도 했고, 내 인생의 책을 소개하고 그 책에 대해 기록해보기도 했다. '30일 메모 글쓰기'에 넣진 않았지만, 이 외에도 좋아하는 작가에 대한 메모나 앞으로 읽고 싶은 책에 대한 메모 등 다양한 방식으로 독서에 대한 메모를 할 수 있는데 서평이나 독후감을 쓰기 위해선 이런 다양한 독서 메모가 필요하다.

그럼 여기서 잠깐, 서평과 독후감은 어떻게 다를까? 이 둘의 차이에 대해 질문하는 분이 많아서 간단히 이야기하고 넘어가겠다. 우선 독후감은 책을 읽은 후 자신의 감상을 기록하는 글이다. '감상(感想)'의 사전적인 의미는 마음속에서 일어나는 느낌이나 생각을 말한다. '마음속에서'라는 해석이 말해주듯 다분히 주관적으로 쓰는 글이다. 반면 서평(書評)은 독후감과는 그 성격이 다르다. 일단 한자어 그대로 해석하자면 서평, 즉 책에 대한 평(비평)이다. 무언가를 비평하기 위해서는 나름의 객관적인 근거가 필요하다. 줄거리, 작가에 대한 정보 등은 이미 포털사이트에 다 나와 있기에 자세히 쓸 필요는 없지만 자신이 쓰고자 하는 핵심 주제에 상응하는 정보 정도는 글에 드러내는 게 좋다.

그렇다면 서평을 쓰기 위한 객관적인 근거는 무엇인가? 바로 내가 책을 읽을 때 공감하거나 공감하지 못하게 만든 책 속의 내용이나 문장, 저자의 생각이다. 그런 것들을 근거로 해서 내 생각을 논리적으로 펼치는 것이 서평이다. 그래서 서평을 쓰려면 독서 메모를 더욱더 철저하게 해야 한다.

서평과 독후감의 시작은 서점에서 책을 고를 때부터 시작된다. 우리가 했던 일련의 메모 중, 독서 후 메모는 모두 서평과 독후감을 쓰기 위한 준비 단계다. 한 권의 책을 읽고 바로 생각을 정리하기란 쉽지 않다. 하지만 책을 읽으면서 미리 서평이나 독후감 쓰기를 염두에 두고 독서 메모를 하면 좀 더 수월하게 쓸 수 있다.

첫 번째 독서 메모인 '인상적인 부분 발췌하기'만 잘해놓아도 서평 쓰기가 매우 쉬워진다. 나에게 어떤 글이 인상적이었다는 것은 그 주제나 키워드에 대해서 평소 생각을 많이 했다거나 반대로 생각을 많이 하진 않았지만 관심 있는 분야일 가능성이 크다. 한마디로 그 이슈에 대해 하고 싶은 말이 있다는 증거다. 일단 그것들을 모으는 작업부터 시작해보자.

다음은 손원평의 소설 『아몬드』에 대한 독서 메모이다. 서평 쓰기에 필요한 1단계 작업은 바로 이런 독서 메모를 남기는 것이다.

서평 쓰기 1단계: 독서 메모 남기기
• **책 제목** 『아몬드』 손원평 지음, 창비
• **읽은 분량** 완독
• **독서 시간** 1시간 30분
• **가장 인상적인 부분 발췌** 마지막으로 눈이 내리던 날. 그러니까 내 생일날. 피로 눈을 물들인 엄마가 쓰러져 있다. 할멈이 보인다. 표정이 맹수처럼 사납다. 유리창 너머로 나를 향해 외친다. 가. 가. 저리 비켜! 그런 말은 보통 싫다는 뜻이다. 도라가 곤이에게 외친 것처럼, 꺼져버리라는 뜻이다. 왜지. 왜 나한테 가라고 하지. (247쪽)
• **발췌 부분에 대한 나의 생각** 피가 튄다. 할멈의 피다. 눈앞이 붉어진다. 할멈은 아팠을까? 지금의 나처럼. 그러면서도 그 아픔을 겪는 게 내가 아니고 자신이라서 다행이라고 생각했을까?

(최**님)

책을 완독했다면 우선 책에 별점을 매겨보자. 서평을 쓸 때는 별점을 매김으로써 그 책을 객관적으로 평가해야 한다. 별점은 영화비평에서 흔히 쓰이는 방식인데 최근에는 독서나 각종 콘텐츠를 비평할 때도 많이 사용된다. 별점의 만점을 5.0으로 하고 중간 점수를 3.0으로 한다. 3.0보다 높다면 왜 높은 점수를 주었는지, 낮은 점수라면 왜 점수를 깎았는지 그 이유를 생각해보자.

이때 책의 줄거리나 전개 방식, 인물 표현, 주제 노출 등 책 내용에 입각해서 별점을 주는 것이 중요하다. 간혹 주관적인 감정에 의지해서 별점을 주는 사람이 있는데 이는 비평의 올바른 자세가 아니다. 예를 들어 '주인공이 마음에 들지 않아서' 같은 이유가 이런 경우에 해당한다. 주인공의 행동이나 성격은 주제를 잘 노출하기 위해 작가가 상상력을 동원해 설정한 것이다. 간혹 등장인물의 성격에 자신의 주관적인 감정을 개입하여 작품을 해석하는 사람들이 있다. 이보다는 등장인물을 통해 주제 표현이 잘되었는지, 그 설정은 적합했는지 등에 좀 더 집중해보자. 이런 여러 객관적인 근거를 토대로 별점을 준 이유를 다음과 같이 정리한다. 서평 쓰기를 위한 2단계 작업이다.

서평 쓰기 2단계: 별점 주기
• 별점 3.5점
• 별점을 준 이유 인간을 정의하는 것은 생물학적인 인간의 외형이 아니라 '인간적인 노력'에 있다는 작가의 목소리에 깊이 공감했기에 3.5점이라는 별점을 주었다. 소년이 끊임없이 궁금해했던 '인간'에 대한 생각의 변화가 설득력 있게 표현되지 않은 점이 다소 아쉬웠기 때문에 그 부분에서 1.5점을 뺐다.

사실 여기까지 정리한 후 써도 훌륭한 서평이 될 수 있지만, 점수를 더 준 이유와 깎은 근거를 책에서 찾아 제시한다면 더할 나위 없이 좋은 서평이 완성된다.

별점 정리가 끝났다면 작품을 완독한 후 느낀 감정이나 생각을 키워드나 문장으로 정리한다.

서평 쓰기 3단계: 완독 후 느낀 감정과 생각 키워드로 적기
인간에 대한 정의, 나는 무엇일까.

마지막으로 작가가 표현하려고 했던 주제나 메시지 대한 표현 방식이 독자의 입장에서 충분히 설득력이 있었는지도 살펴보자. (이 부분은 별점을 깎은 이유와도 비슷할 수 있다.)

다음은 이런 과정을 거쳐 쓴 짧은 서평의 예다.

작가는 소설 『아몬드』를 통해 인간은 '완벽한 생체 기관의 구조'라는 의학적 소견으로 정의되지 않고, 타인과 함께 갈등하며 내적 갈등을 멈추지 않는 '인간적인 노력'으로 정의된다는 것을 말하고 있다. 주인공은 자신의 결핍된 '인간성'에 항상 의문을 품고 끊임없이 질문한다. 아이가 자신에게 하는 질문은 작가가 독자에게 던지는 일종의 철학적 질문이다. 진정한 인간은 '누구일까'가 아닌 '무엇일까'로 시작된다. 하지만 그 답을 찾아가는 주인공의 여정은 시작부터 너무 잔인하다. 작가는 아이를 보호하고 있던 커다란 보호막을 날카로운 바늘로 단숨에 터트려버린다. 아낌없는 사랑을 퍼주던 혈육의 존재를 부재(不在)시키는 것이다. 그리고 후에 같은 상황을 맞닥뜨리게 된 아이가 가장 인간적인 '선택'을 할 수 있도록 '조력자'의 이름으로 명명된 주변인들이 모두 소년을 돕는다.
데이지의 사고를 반추하는 벤자민의 독백과 소년이 피 흘리며 죽어가던 순간에 떠올린 할멈의 절규 섞인 외침을 통해 우리는 삶의 시작과 끝은 마주 닿아 있음을 깨닫는다. 지금의 불행이 불행의 가면을 덧씌운 행복일지 아니면 행복한 일상의 한 걸음 앞에 불행의 절벽이 기다리고 있을지 모든 것은 불확실하고 예측할 수 없지만 한 가지 중요한 것은 그 모든 순간순간에 '내'가 있다는 사실을 잊지 않는 것이다.

나는 서평 수업에서 처음부터 긴 서평을 쓰라고 요구하지 않는다. 처음에는 '손바닥 서평'이라고 지칭하는 짧은 서평 쓰기부터 시작하게 한다. 앞의 예시처럼 서평 쓰기 1, 2, 3 단계를 거쳐 기록을 정리하고 짧은 서평 쓰기부터 도전하면서 그 과정에 익숙해지고 점차 길이를 늘이다 보면 근사한 서평을 쓰게 될 날이 찾아올 것이다.

손바닥 서평은 어렵고 힘들게만 느껴졌던 서평 쓰기에 조금은 만만하게 도전해볼 수 있는 계기를 마련해주고 좀 더 간결하게 책을 정리할 수 있는 방법도 익힐 수 있게 해준다는 장점이 있다.

에세이 쓰기를 위한 생각정리의 기술

요즘 자신의 경험을 쓴 에세이가 열풍이다. 에세이는 일상에서 내가 만난 사람, 내가 맞닥뜨린 상황 등을 통해 내 생각을 정리해서 담아내는 글의 한 장르다.

경찰서에 재직 중인 경찰관의 일상을 담은 에세이, 6년 동안 마을버스 운전기사를 하며 만난 다양한 삶의 모습을 다룬 에세이, 평범한 가정주부가 아이를 키우고 집안일을 하며 느낀 감정을 정리한 에세이, 요가나 운동, 피아노, 미술, 악기 등 자신만의 취미생활을 꼼꼼하게 기록하고 그 안에 자기 생각을 담아낸 에세이도 많다.

이렇듯 자기 생각과 경험이 주가 되는 에세이는 누구나 쓸 수 있는 글이다. 어렵지 않다. 내 경험을 잘 정리한 메모만 있으면 된다. 에세이를 쓰고 싶고, 에세이 작가를 꿈꾼다면 메모를 매일, 오래 남겨야 한다. 그리고 그 메모에 내 생각을 잘 정리해야 한다. 경험을 기록한다고 해서 모두 에세이가 되는 건 아니다. 독자들은 경험의 기록을 넘어 글쓴이가 그 안에서 생각한 것을 알고 싶어서 에세이를 읽는다. 그 점만 염두에 둔다면 에세이 쓰기, 어렵지 않다.

주변에서 들은 것, 본 것, 느낀 것은 에세이의 가장 좋은 소재다. 따라서 '30일 메모 글쓰기'를 하며 적은 글은 모두 에세이의 훌륭한 재료이다.

에세이를 쓰고 싶다면 지금 이 순간에 경험하는 것들을 하나하나 메모한 후 거기에 생각을 입혀보자. 에세이 쓰기를 할 때는 주제와 경험, 생각 이 세 가지가 잘 어우러져야 한다. 일단 메모를 통해 경험을 모았다면 이 경험을 통해 내가 얻었던 생각을 정리해보자.

다음은 한 참가자가 청소에 관한 한 줄 메모를 에세이로 발전시키기 위해 생각정리를 해본 것이다.

① 오늘의 메모

청소, 시간이 없어도 할 수 있어요.

② 내가 담고 싶은 주제

끝도 없는 집안일, 하기 싫어 미루다 보면 태산처럼 덩치가 커져 할 엄두가 나지 않는다. 그런데 조금만 생각을 바꾸면 청소 어렵지 않다.

③ 경험

날 잡아 대청소하고 반나절만 지나면 집이 엉망이에요.

④ 생각정리

- 집안일이 끝도 없다는 것은 결국 끝내지 않아도 된다는 것
- '정리하기 + 청소하기 = 총 청소 시간'인데 청소 시간을 줄이려면 보조적인 정리를 수시로 해줘야 함
- 설거지, 빨래, 청소와 같은 집안일을 큰 덩어리로 보지 말고 잘게 쪼개 1~2분 안에 할 수 있는 작은 청소 리스트 작성하기

(최**님)

이렇게 한 줄 메모로 주제, 경험과 생각을 잘 구분해서 정리해 놓으면 이걸 토대로 한 편의 에세이를 쓸 수 있다. 이 참가자는 이런 생각정리의 과정을 거쳐 다음과 같이 짧은 에세이를 완성했다.

★ 청소, 시간이 없어도 할 수 있어요!

집안일은 끝이 없다. 이 말은 해도 해도 끝이 나지 않는 집안일에 대한 설명이기도 하고, 다른 한편으론 '종료 버튼' 없이 계속 치워야 하는 집안일에 대한 한탄일 것이다. 그런데 살짝 뒤집어 생각해보면 이 말은 끝이 없기 때문에 끝을 내지 않아도 된다는 의미도 된다. 그렇다. 끝낼 필요가 없다. 날 잡아 대청소를 하루 종일 해도 사람이 움직이면 곧 어질러지기 마련이다. '청소 끝!'이라던가 '깨끗하게 청소한 상태로 유지하는 것' 자체가 의미 없다는 말이다. 계속 어질러지는 게 당연하다고 여기고 그것들을 야금야금 갉아먹듯 치우는 과정으로 생각을 바꾸어 목표를 수정해보자.

나에게 집안일은 덩어리로 존재하지 않는다. 우선 집안일을 가장 작게 나눌 수 있는 원자 상태로 나눈다. 그래야 집안일에 대한 저항감을 줄이고 쉽게 시작할 수 있기 때문이다. 예를 들면 약속이 있어 외출준비를 했는데 어중간하게 20분 정도 남을 때가 있다. 어영부영 흘려보낼 수 있는 시간이다. 20분 정도면 아침 먹은 설거지를 하고 그릇 정리를 하는 등의 집안일을 할 수 있다. 그렇다면 10분 정도 남았다면 어떨까? 뭔가 집안일을 하기에는 어중간한 시간일까? 그렇지 않다. 아이들 방에 가서 빨랫감과 물컵을 수거해 정리하고 간단하게 어질러진 책상을 정리할 수도 있다. 그럼 5분은 어떨까? 내일모레 버릴 재활용을 바로 버릴 수 있도록 정리할 수도 있고, 방마다 어질러진 침대도 휘리릭 정리할 수 있는 시간이다. 욕실 거울을 닦는 데는 1분이면 충분하다.

이렇게 해보기 시작하면 한 덩어리로 보이던 집안일들이 잘게 분

절되는 경험을 하게 된다. '자, 이제부터 대청소를 할 거야' 가 아니라 하루의 빈틈을 찾아내 미리미리 보조적인 정리와 청소를 해보자. 10분짜리, 5분짜리, 1분짜리 청소들이 모여 태산 같았던 집안일이 좀 쉽게 느껴질 수도 있으니 말이다.

꾸준한 메모 습관을 갖추었다면 에세이로 발전시켜보기를 권한다. 단, 에세이를 쓸 때 자기 하소연이나 넋두리, 감정 소모적인 내용만 나열하지 않아야 된다. '생각정리'가 충분히 이루어지지 않은 상태에서는 발전적인 글로 나아갈 수 없다. 좋은 에세이는 자신의 직간접 경험을 통해 내가 스스로 얻은 '생각정리'가 관건이다.

아주 거창한 소재가 아니라도 괜찮다. 내 주변의 일, 내 하루의 작은 일상도 생각정리만 잘되었다면 훌륭한 에세이가 될 수 있다. 글감은 주변에 널려 있지만 메모하지 않기 때문에 없다고 생각되는 것이다. 나의 작은 일상을 그냥 흘려버리지 말자. 다 피가 되고 살이 되는 '글감'이다.

글의 완성도를 높이는 여섯 가지 퇴고 원칙

글쓰기의 시작을 메모라고 한다면 글쓰기의 완성은 수정과 퇴고다. 대부분의 사람은 수정과 퇴고를 좋아하지 않는다. 심지어 어떤 사람은 이미 쓴 글을 수정하느니 차라리 새로 쓰는 게 낫다고 말하기도 한다. 틀린 말은 아니지만 메모를 통해 어느 정도 글쓰기 습관을 갖추고, 기록의 일상화를 이룬 사람이라면 나는 반드시 자신이 쓴 메모나 독서 기록을 보완하여 서평이나 독후감, 에세이로 발전시키기를 권한다.

그렇다면 글쓰기의 완성이라고 할 수 있는 수정과 퇴고는 어떻게 해야 할까? 몇 가지 원칙만 숙지한다면 그 과정을 조금은 쉽게 할 수 있다.

첫째, 수정과 퇴고를 할 때는 출력한 후 지면으로 보면서 할 것을 권한다. 컴퓨터 모니터에 의지한 채 글을 수정하기란 쉽지 않다. 글은 모니터로 볼 때와 지면으로 읽을 때 판이하게 다르다. 색깔 볼펜으로 출력한 글에 표시하면서 수정하자. 그래야 더 효과적으로 빠른 시간 내에 수정할 수 있다.

둘째, 출력한 글을 반드시 소리 내어 읽어본다. 눈으로 보고, 소리로 들으며 입으로 내뱉는 과정을 거치니 세 번의 수정을 한 번에 하는 효과를 얻을 수 있다. 소리 내어 읽는 과정을 통해 주어와 서술어의 호응이 맞지 않는 문장이나 잘못 쓰인 단어, 문법적인 오류 등을 80% 이상 잡아낼 수 있다. 낭독은 여러 번 할수록 좋다. 초고 작성 후, 수정과 퇴고 시 수시로 낭독해보자. 녹음을 하면 더욱 좋다.

셋째, 자신이 하고자 했던 이야기가 잘 표현되었는지 확인한다. 이는 수정과 퇴고의 이유라고 할 정도로 중요하다. 핵심 주제가 담긴 문장들을 다른 색깔 펜으로 밑줄 치면서 살펴보자. 주제문의 분량이 적당한지, 본문에서 너무 늦게 핵심 문장이 나오는 것은 아닌지 그 위치도 파악해본다. 주제나 핵심에서 벗어난 문장은 없는지도 면밀히 살펴본다. 이 정도만 정리해도 깔끔한 글이 완성될 것이다.

넷째, 같은 단어가 반복적으로 사용되지는 않았는지 점검한다. 동어반복이 심하면 글 읽는 맛, 즉 가독성이 현저하게 떨어진다. 인간은 글을 읽으면서 그 내용을 받아들이고, 뇌에서 구조화하고 재구성하여 자신만의 의미로 재해석한다. 책 내용이 눈앞에 펼쳐지는 것처럼 상상한다. 판타지 소설에 빠진 아이들이 아무리 옆에서 불러도 대답하지 않은 이유가 바로 여기에 있다. 책 속의 이야기를 눈으로 읽을 뿐만 아니라 뇌에서 상상하고 이를 머릿속에서 영상이나 그림으로 구현하기 때문에 주변에 신경 쓸 여유가 없는 것이다.

하지만 한 편의 글 안에 동어가 자주 반복되면 그 '상상하며 읽고 그리는 재미'가 반감된다. 다음 문장을 읽지 않아도 어떤 단어가 나올지 짐작되기 때문에 흥미롭지 않은 글이 된다. 그런 글은 당연히 자세히 읽고 싶은 생각도, 끝까지 읽고 싶은 마음도 들지 않는다. 이런 경우 대부분 자신의 부족한 어휘력을 탓한다. 하지만 문제는 다른 데 있다. 퇴고를 하지 않는 습관이다.

동어를 자주 쓰는 자신의 습관을 파악했다면 글을 다 쓴 후 혹은 반쯤 썼을 때 처음부터 쓴 부분까지 훑어보면서 동어가 얼마나 사용되었는지 확인하고, 너무 심한 경우에는 사전에서 유의어를 찾아 교체하자. 사전을 꾸준히 활용하면 부족한 어휘력을 금방 보충할 수 있고, 다양한 단어를 구사할 수 있다. 평소 꾸준한 독서 기록을 통해 다른 작가들이 쓴 귀하고 좋은 문장을 다수 확보해놓는 것도 동어반복에서 벗어나는 좋은 방법 중 하나다. 광고의 주요 카피 문구, 시집의 한 구절, 드라마 명대사도 동어반복 습관을 없애주고, 문장을 다양하게 활용할 수 있는 실력을 키우는 데 아주 유용하다.

다섯째, '지나친 비약'이나 '일반화'의 오류는 없는지 확인한다. 글을 다 쓰고 난 후 앞서 언급했던 부분들을 살펴보았다면 이제는 지나치게 주관적인 관점을 담아 비약하거나 일반화한 부분은 없는지 살펴보자. 특히 경험에 의지한 에세이의 경우 나의 '경험'에만 함몰되어 내 이야기를 지나치게 주관적으로 해석하는 오류를 범할 수 있다. 이는 읽는 이들로 하여금 불편함을 느끼게 하거나 공감하지 못하게 한다. 나의 작은 경험이나 사소한 일을 모두의 의견인 양 표현한 부분은 없는지 혹은 내가 속한 집단이나 그룹만의 이야기를 전체 집단의 이야기처럼 표현한 부분은 없는지 반드시 살펴야 한다.

여섯째, 제목과 첫 문장을 다시 한번 점검한 후 글의 가독성을 높이기 위해 문단이나 에피소드 구성을 다시 한다. 어떤 문장이 앞에 나오면 좋을지 어떤 에피소드가 뒤로 가야 글이 더 맛깔나게 읽히는지 이리저리 글을 옮겨보자. 영상만 편집이 필요한 게 아니다. 글 역시 더 잘 읽히기 위해 다양한 방식으로 구성을 바꿔보는 편집 과정을 통해 완성된다. 이때 가장 중요한 것은 '내가 말하고 싶은 주제'가 어떻게 하면 잘 드러나는가이다. 이 점이 편집 과정의 핵심임을 명심해야 한다.

이 여섯 가지 외에도 주어와 서술어가 맞게 사용되었는가, 접속사가 지나치게 사용되지는 않았는가(접속사는 가독성은 떨어뜨리는 주범이다), 수식어구가 지나치게 사용되어 의미를 왜곡하고 있지는 않은가, 진정성 있는 내용인가 등을 면밀히 살펴본다면 수정과 퇴고 후 좀 더 정갈해진 글을 만날 수 있을 것이다.

내 글은 과연
'잘 쓴 글'일까?

"작가님, 꾸준히 글을 쓰고 있는데 지금 제가 잘 쓰고 있는지 잘 모르겠어요."

이런 질문을 하는 사람들이 꽤 많다. 오랫동안 글을 써왔지만 내가 잘 쓰고 있는지, 제대로 쓰고 있는지 궁금하다는 것이다. 글쓰기는 자신을 표현하고 드러내는 방법 중 하나다. 내가 담고자 하는 생각이 잘 표현되었는지, 읽는 이에게 잘 전달되고 있는지 확인하는 것은 글쓴이라면 반드시 해야 할 일이다.

그렇다면 잘 쓴 글은 도대체 어떤 글일까?

첫째, 잘 쓴 글은 '자기 생각이 잘 드러난 글'이다. 대하소설 『태백산맥』의 조정래 작가는 "작가는 자신이 하고 싶은 이야기를 글로 표현하는 사람"이라고 말했다. 잠깐 우스갯소리를 하자면 조정래 작가는 다음 생에는 시인으로 태어나고 싶다고 한다. 아내인 김초혜 시인을 평생 보고 있자니 시인은 단 몇 줄로 자기 생각을 표현하는데 자신은 온몸이 망가지는 고통 속에서 소설을 쓰는 게 너무 억울하다는 것이다.

시인이라고 해서 편히 글 쓰는 것은 절대 아니겠지만 노(老)작가의 투정 어린 말 속에서 자신이 하고 싶은 이야기를 담아내는 '글'의 그릇이 사람마다 어떻게 다른지 또 한 번 느끼게 된다. 조정래 작가라고 해서 왜 다른 장르의 글에 도전하고 싶지 않겠는가. 하지만 소설이 자기 생각을 담아내기에 가장 좋은 그릇이자 도구임을 그는 그 누구보다 잘 알고 있는 것이다.

시나 소설, 에세이, 비문학 등 글의 종류는 내 생각을 담아내는 그릇의 색깔이나 형태만 다를 뿐, '자신이 하고 싶은 이야기를 글로 표현한다'는 명제는 동일하다. 이를 위해서는 계속해서 주제 문장이나 핵심 문장을 찾고, 내가 글로 전하고자 했던 주제를 두세 줄로 요약해보아야 한다.

글을 쓸 때는 항상 이 질문을 머릿속에 떠올리자.

'이 글에서 정말 내가 하고 싶은 이야기는 무엇인가?'

이 질문에 스스로 답할 수 있어야 진짜 '글 쓰는 사람'이다.

둘째, 잘 쓴 글은 '친절한 글'이다. 자신의 직간접적인 경험을 녹여 글을 쓰다 보면 가끔 자신의 '경험'이 진리인 양 읽는 이에게 강요할 때가 있다. 이런 글을 읽으면 매우 불편하다. 또한 자신이 알고 있는 지식을 자랑하기에 급급하거나 모호하고 상투적인 표현이 가득한 글도 불편함을 자아낸다. 특히 한 분야에서 오랫동안 경험한 것을 바탕으로 글을 쓰는 이들의 경우 전문성을 드러낸다는 미명하에 조언과 충고를 남발하거나, 독자가 그 분야에 대한 배경지식이 있을 거라고 전제하고 전문용어를 마구 쓰는 경우가 많다. 모두 불친절한 글이다.

불친절한 글은 어려운 글과는 다르다. 어려운 글은 어렵지만 읽으면 읽을수록 뜻을 곱씹고 싶은 글이고, 불친절한 글은 읽고 나면 불쾌한 감정이 드는 글이다.

지나친 일반화, 비약이 심각한 글, 내가 아는 지식이 전부인 양 표현한 글, 자기 경험의 극히 일부만을 확대 재생산해서 에세이인지 소설인지 분간이 안 가는, 왜곡이 심한 글 역시 불친절한 글이다.

내 글이 불편함을 넘어 불친절한 글이 되지 않게 하려면 글을 쓸 때 최대한 내 생각을 풀어서 써야 한다. 어렵고 난해한 문장이나 관념적이고 추상적인 단어를 사용하기보다는 독자의 입장에서 한 번쯤 생각해보고 의문이 들지 않도록 쓰는 것이 좋다. 널리 알려진 조언으로 글은 중학교 2학년 수준에 맞게 쓰라는 말도 있으니 참고하길 바란다.

수정과 퇴고를 마친 후 독자의 입장에서 글을 다시 한번 읽어보자. 이 문장에서 이런 단어를 쓸 경우, 읽는 이가 어렵게 느끼지 않을까 혹은 의구심이 생기지 않을까 다시 한번 살펴보는 것도 좋다. 무엇보다 진솔한 '나만의 언어'를 찾는 것이 중요하다. '나만의 언어'를 찾기 위해서는 꾸준한 메모를 통해 자기 생각을 드러내는 방식과 문체를 익히는 것이 좋다.

셋째, 잘 쓴 글은 '독자를 움직이게 하는 글'이다. 예를 들어 길을 걸으며 피트니스 센터 광고 전단을 여러 개 받았다고 가정해보자. 수많은 광고 전단 중에 결국 센터로 발길을 옮기게 하는 전단을 우리는 잘 만든 전단이라고 한다. 독서 관련 책도 마찬가지다. 읽고 나서 심장이 뜨거워져서 한 권의 책을 집어 들게 했다면 그 역시 잘 쓰인 책이라고 할 수 있다. 행동으로 이어졌다는 것은 그 글이 나에게 유익했고 마음의 울림이 있었으며 실천하게 하는 동력을 주었다는 것이다.

그렇다면 독자를 움직이게 하는 글은 과연 어떻게 쓸 수 있을까? 여러 가지 방법이 있겠지만 우선은 내가 전하고자 했던 주제에 대한 근거가 명확하고, 그것을 표현하는 방식이 쉽고 간결해야 하지 않을까 싶다. 앞서 언급한 '자기 생각이 잘 드러난 글', '친절한 글'도 바로 이 요건에 해당한다.

잘 쓴 글, 좋은 글에 대한 정의는 작가마다 다르다. 정답은 따로 없다. 하지만 글쓰기 초보자나 초심자의 경우 이 세 가지 요건을 항상 기억하고 글을 쓴다면 무늬만 잘 쓴 글이 아닌 진짜 잘 쓴 글로 한 걸음 나아갈 수 있다.

재미, 감동, 정보
셋 중 하나는 챙기자

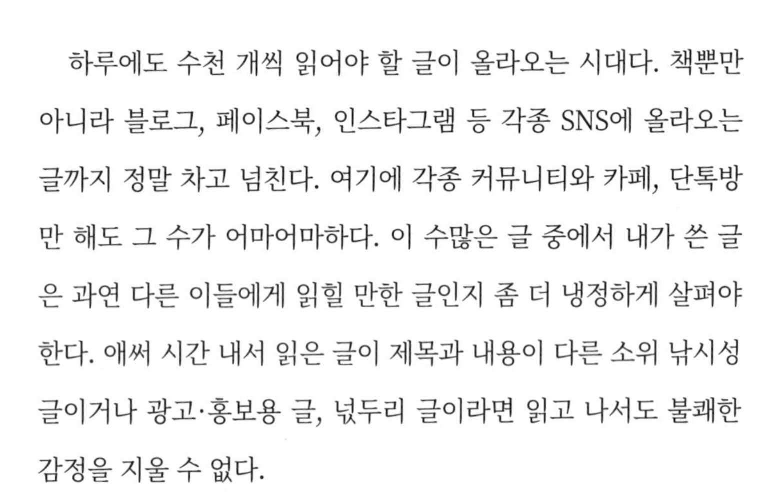

하루에도 수천 개씩 읽어야 할 글이 올라오는 시대다. 책뿐만 아니라 블로그, 페이스북, 인스타그램 등 각종 SNS에 올라오는 글까지 정말 차고 넘친다. 여기에 각종 커뮤니티와 카페, 단톡방만 해도 그 수가 어마어마하다. 이 수많은 글 중에서 내가 쓴 글은 과연 다른 이들에게 읽힐 만한 글인지 좀 더 냉정하게 살펴야 한다. 애써 시간 내서 읽은 글이 제목과 내용이 다른 소위 낚시성 글이거나 광고·홍보용 글, 넋두리 글이라면 읽고 나서도 불쾌한 감정을 지울 수 없다.

어느 정도 글을 완성한 후에는 반드시 독자의 입장에서 내 글을 바라볼 필요가 있다. 만약 내가 독자라면 내 글을 읽을까, 읽는다면 어떤 부분이 잘 읽히고, 어떤 부분이 잘 읽히지 않을까를 한 발짝 떨어져서 냉정하게 바라보자. 이렇게 하는 게 어렵다면 독자로서 나는 어떤 글을 읽었을 때 긍정적인 느낌을 받았는지 생각해보는 것도 좋다. 내가 구독하는 SNS 계정의 글을 살펴보면 자신의 글 취향을 금방 파악할 수 있다. '구독'을 했다는 것은 그 사람의 글을 주기적으로 받아볼 마음이 있다는 뜻이다. 그 사람의 글이 '읽을 만한 가치가 있는 글'이라는 증거다.

그렇다면 '읽을 만한 가치가 있는 글'은 어떤 글일까? 결론부터 말하자면 가치 있는 글은 재미, 감동, 정보 중 어느 하나라도 충족하는 글이다. 세 가지 조건을 하나하나 살펴보자.

첫 번째는 '재미'다. 여기에서 재미는 철저히 '유희'로서의 재미를 일컫는다. 수많은 개그 프로그램과 코믹영화, 만화책이 여전히 인기 있는 이유는 딱 한 가지다. 재미있기 때문이다. 재미있는 무언가를 하면 그 시간을 가치 있게 사용했다는 생각이 들고 쉽게 잊히지 않는다.

두 번째는 '감동'이다. 감동은 인간의 내면을 건드리는 요소로 그 자체만으로도 위로가 되고, 공감을 불러일으킨다. TV나 기타 매체, 책, 영화를 통해 감동적인 사연이 앞다투어 소개되는 이유도 마찬가지다. 사람들은 '감동적인 사연이나 스토리'에 마음을 내어준다. 하지만 재미와 마찬가지로 감동을 억지로 만들 수는 없다.

세 번째는 '정보'다. 정보가 있는 글은 '재미'와 '감동'보다는 금방 반응이 오지 않지만 읽고 난 후에 무언가 얻었다는 기분, 시간을 잘 썼다는 성취감을 느끼게 한다. 게다가 그 정보가 자신의 인생을 변화시키고, 새로운 길을 열어주었다면, 큰 만족감이 든다. 어떤 작가의 책을 읽고 인생이 바뀐 이들의 경우가 바로 여기에 해당한다.

읽을 만한 가치가 있는 글이 되려면 최소한 재미, 감동, 정보 중 하나는 반드시 갖추어야 한다. 하지만 재미있거나 감동적인 사연이 내게 없을 수도 없다. 그렇다면 '정보'는 어떨까. 여기서 말하는 '정보'는 그렇게 대단한 것이 아니어도 된다. 우리가 일상생활에서 경험하고 느낀 것도 충분히 '정보'가 될 수 있다. 대단한 것만이 정보가 되는 시대는 지났다. 이제 웬만한 정보는 인터넷이나 포털사이트를 통해 충분히 접할 수 있다. 사람들이 진짜 원하고 궁금해하는 것은 저마다 가지고 있는 살아 있는 정보 즉, 나만이 할 수 있는 이야기이다. 그러므로 잘 읽히는 글, 가치 있는 글을 쓰려면 자신의 일상과 경험에 관심을 기울이고, 이를 담아내는 글쓰기를 실천해야 한다.

내가 오늘 겪은 일 이야기, 내가 오늘 만난 사람 이야기, 내가 오늘 본 것 이야기가 모두 다른 사람에게 좋은 정보가 될 수 있고, 그것들을 잘 정리한 글이 잘 읽히고, 가치 있는 글이다.

오늘 나의 평범한 일상을 절대 우습게 보지 마라. 그것이 내가 보유한 최고의 글쓰기 무기다.

글 쓰는 행위 자체를 사랑하자

"글에 자꾸 욕심을 부리게 되네요. 저도 다른 분들처럼 잘 쓰고 싶고, 책도 내서 유명한 사람도 되고 싶고, SNS에서 영향력이 있는 사람도 되고 싶습니다. 어쩌면 좋을까요?"

글쓰기 수업에서 이런 질문을 하는 이들이 많다.

어느 정도 글쓰기가 습관이 되어 꾸준히 쓰다 보면 더 잘 쓰고 싶고, 더 잘 표현하고 싶고, 나아가 더 많은 이에게 내 글을 읽히고 싶은 마음이 든다. 이는 인간으로서 당연한 마음이다. 하지만 딱 여기까지였으면 한다.

욕심이 과하면 글에 힘이 들어가고, 글에 힘이 들어가면 멋을 부리게 된다. 그러면 내가 진짜 하고 싶었던 본래의 이야기보다 과장하거나 사실을 축소하여 왜곡을 만들어내기 십상이다. 그러다 보면 이내 '내가 이러려고 글을 쓰고, 매일 메모를 했나'라는 자괴감에 빠지기 쉽다.

'30일 메모 글쓰기'를 통해 많은 사람이 자신의 일상을 메모하고, 그 메모를 바탕으로 자기 생각과 경험을 글로 표현해보는 시간을 가졌다. 자신의 일상과 좋아하는 것들을 돌아보며 그동안 놓치고 버렸던 이야기들을 하나하나 모으면서 잃어버렸던 삶의 의미를 찾기도 하고, 무의미하게 흘려보내고 있다고 생각했던 시간을 나를 위한 시간으로 채우기도 했다.

나는 "기록하지 않으면 기억되지 않는다"라는 말을 자주 한다. SNS만 봐도 상대가 무엇을 하는지 훤히 알 수 있는 시대지만 정작 자신에 대해서는 전혀 모르는 것이 현대인이다. '30일 메모 글쓰기'는 글쓰기의 기초를 닦으며 글쓰기와 친해지는 과정이자 나를 찾아가는 과정이다. 오로지 나에게 집중할 수 있는 시간을 찾고, 그 시간에 메모를 하고, 그것을 바탕으로 내 생각을 정리하게 만들기 때문이다.

일단 글쓰기를 잘하고 싶다는 욕심보다는 잃어버렸던 진짜 나를 찾고, 글쓰기가 주는 즐거움을 만끽해보자. 그러면 어쩌면 글을 잘 쓰게 될지도 모르고, 나아가 좋은 일이 당신 앞에 펼쳐질지도 모른다.

우선은 글을 쓰는 시간을 사랑하고, 글 쓰는 행위 자체를 즐기자. 그것이 언제나 먼저다.

글쓰기가
만만해지는
하루 10분
메모 글쓰기

초판 1쇄 발행 2020년 2월 10일
초판 4쇄 발행 2024년 11월 20일

지은이 이윤영

펴낸이 김남전
편집장 유다형 | 기획편집 이경은 | 디자인 양란희
마케팅 정상원 한웅 정용민 김건우 | 경영관리 임종열 김경미

펴낸곳 ㈜가나문화콘텐츠 | 출판 등록 2002년 2월 15일 제10-2308호
주소 경기도 고양시 덕양구 호원길 3-2
전화 02-717-5494(편집부) 02-332-7755(관리부) | 팩스 02-324-9944
홈페이지 ganapub.com | 포스트 post.naver.com/ganapub1
페이스북 facebook.com/ganapub1 | 인스타그램 instagram.com/ganapub1

ISBN 978-89-5736-047-7 03190

가나출판사는 당신의 소중한 투고 원고를 기다립니다. 책 출간에 대한 기획이나 원고가 있으신 분은 이메일 ganapub@naver.com으로 보내 주세요.